任继愈谈

儒家与儒教

任继愈◎著

石油工业出版社

图书在版编目（CIP）数据

任继愈谈儒家与儒教 / 任继愈著 . —北京：石油工业出版社，2018.3

ISBN 978-7-5183-2346-3

Ⅰ . ①任… Ⅱ . ①任… Ⅲ . ①儒家–研究 Ⅳ . ① B222.05

中国版本图书馆 CIP 数据核字（2017）第 303436 号

任继愈谈儒家与儒教
任继愈　著

出版发行：石油工业出版社
　　　　　（北京安定门外安华里 2 区 1 号楼　100011）
网　　址：www.petropub.com
编辑部：（010）64523783
图书营销中心：（010）64523633
经　　销：全国新华书店
印　　刷：北京晨旭印刷厂

2018 年 3 月第 1 版　2018 年 3 月第 1 次印刷
880×1230 毫米　开本：1/32　印张：8.5
字数：185 千字

定价：39.80 元
（如发现印装质量问题，我社图书营销中心负责调换）
版权所有，翻印必究

目录

论儒教的形成 /01

儒家与儒教 /43

儒教的再评价 /67

朱熹与宗教 /91

明清理学评议 /129

儒教 /141

论白鹿洞书院学规 /145

论朱熹的《四书集注》——儒家经学的一大变革 /157

具有中国民族形式的宗教——儒教 /177

从程门立雪看儒教 /187

朱熹的宗教感情 /195

中国的宗教与传统文化 /203

中国的国教 /211

"'儒家德治思想与现代社会'
　　国际学术研讨会"开幕式致辞 /223

《中国儒教论》序 /229

说忠孝：儒学的回顾与前瞻 /241

继承传统文化精华，迎接文化建设新高潮 /257

论儒教的形成*

---

* 据《任继愈学术论著自选集》。原载《中国社会科学》1980年第1期,曾收入《儒教问题争论集》。

中国哲学史是在中国这块土地上生长、发展的，中国社会历史的特点，决定了中国哲学史的面貌和性质，正像欧洲的社会历史决定欧洲哲学史的面貌和性质一样。

中国有文字记载的历史绝大部分是封建社会的历史，中国哲学史的发展主要是在中国封建社会历史时期进行的。研究中国哲学史，如果把中国封建社会的哲学史研究清楚了，找到它的基本规律，中国哲学史的主要任务也接近完成了。中国封建社会历史有哪些特点，大家的意见还不一致，剔除其分歧的部分，总还有些基本上被人们公认的部分。简略地说，中国的封建社会历史约有以下几个特点：

（1）中国封建社会维持的时间长久而稳定；

（2）封建宗法制度发展得比较完备；

（3）中央集权下的多民族的大一统国家结构形成得早，分裂不能持久；

（4）农民起义次数多，规模大；

（5）在中国的封建制度下，资本主义没有得到很好的发展。

如果把中国封建社会发展的阶段再进一步划分，可以分为以下的六个时期：

（1）分散割据的封建诸侯统治时期（春秋战国到秦统一前）；

（2）中央集权的封建专制制度建立时期（秦汉）；

（3）门阀士族封建专制时期（魏晋南北朝）；

（4）统一的封建国家重建、兴盛与地方割据时期（隋唐五代）；

（5）封建国家中央集权制完备与社会停滞时期（宋元明）；

（6）封建社会僵化没落时期（清）。

以上六个时期，隋唐以前封建社会在发展、在前进，宋元明以后封建社会制度则开始停滞以至僵化。在上述经济、政治形势变动的同时，代表统治阶级利益的思想体系也相应地发生着变化。

封建社会的上述历史特点和历史过程，造成了以儒教为中心的封建意识形态，这种同封建宗法制度和君主专制的统一政权相适应的意识形态，对劳动人民起着极大的麻醉欺骗作用，因而它有效地稳定着封建社会秩序。为了使儒家更好地发挥巩固封建经济和政治制度的作用，历代封建统治者及其思想家们不断地对它加工改造，逐渐使它完备细密，并在一个很长时间内，进行了儒学的造神活动：把孔子偶像化，把儒家经典神圣化，又吸收佛教、道教的思想，将儒家搞成了神学。这种神学化了的儒家，把政治、哲学和伦理三者融合为一体，形成了一个庞大的儒教体系，一直在意识形态领域占据着正统地位，对于巩固封建制度和延长其寿命，起了十分巨大的作用。

春秋时期孔子创立的儒家学说本来就是直接继承了殷周奴隶制时期的天命神学和祖宗崇拜的宗教思想发展而来

的，这种学说的核心就是强调尊尊、亲亲，维护君父的绝对统治地位，巩固专制宗法的等级制度。所以这种学说稍加改造就可以适应封建统治者的需要，本身就具有再进一步发展成为宗教的可能。但是在先秦它还不是宗教，只是作为一种政治伦理学说与其他各家进行争鸣。由儒学发展为儒教是伴随着封建统一大帝国的建立和巩固逐渐进行的，曾经历了千余年的过程。孔子的学说共经历了两次大的改造。第一次改造在汉代，它是由汉武帝支持，由董仲舒推行的，这就是中国历史上所谓"罢黜百家，独尊儒术"的措施。汉代大一统的中央集权封建宗法专制国家需要一套在意识形态上和它紧密配合的宗教、哲学体系。孔子被推到了前台，董仲舒《白虎通》借孔子的口，宣传适合汉代统治者要求的宗教思想。第二次改造在宋代，宋统治者集团利用机会从唐末五代分散割据的混乱局面中捞到了政权。他们鉴于前朝覆亡的教训，把政治、军事、财政、用人的权力全部集中在中央。宋朝对外宁可退让，对内则强化中央集权的封建宗法专制制度；思想文化领域里也要有与它相适应的意识形态相配合。汉唐与宋明都是中央集权的封建宗法专制制度的国家，但中央权力却是越来越集中，思想文化方面的统治方法也越来越周密。为了适应宋朝统治者的需要，产生了宋明理学，即儒教。儒家的第二次改造，虽说完成于宋代，追溯上去，可以上溯到唐代。韩愈推崇《大学》，用儒家的道统对抗佛教的法统。李翱用《中庸》来对抗佛教的宗教神秘主义。到宋代朱熹则把《论语》《孟子》《大学》《中庸》定为"四书"，用一生精力为它作注解。朱熹的《四书集注》被宋以后的历代封建统治者，定为全国通用的教科书。"四书"从十三经中突出出来，受到特殊的重视。

下面，我们就从汉代起回溯这个历史过程。

封建大一统的局面形成之后，必然要求有与它相适应的哲学作为指导思想。秦王朝不加掩饰地实行严刑峻法，结果很快覆亡了。贾谊《过秦论》就总结了这一教训。汉初的黄老之术，虽有一时的作用，也不是封建国家长治久安之策。统一的封建帝国需要这样一种思想体系：它能够用统一的神权来维护至上的君权，它能够用祖先崇拜来巩固宗法等级制度，它又能够用仁义道德的说教来掩饰统治者对劳动人民的压迫和剥削。为了寻求合适的思想体系，西汉王朝探索了六七十年之久，终于选中儒家，出现了儒家的代表人物董仲舒。董仲舒为了巩固政治的统一，主张思想统一，提出"罢黜百家，独尊儒术"。从董仲舒起，孔子被抬上了宗教教主的地位。春秋时期的孔子是一位政治家、思想家、教育家和儒家学术团体的领袖，但常常被嘲弄、被冷遇；汉代的孔子就成了儒教的庄严、神圣的教主，他被塑造成神，成了永恒真理的化身。汉代封建统治者希望人民去做的许多事，都假借孔子的名义来推广，封建宗法制度进一步得到巩固、加强。"三纲"说在荀子、韩非的著作中已开始提出，但那时只是一家之言，表达一种政治伦理思想。汉代董仲舒以后，通过政府把它推广到社会生活中去。东汉的地方察举制度曾规定了许多道德品目，如"孝廉"，既是一种道德品质，同时又是一种做官进仕的条件。儒家的封建伦理和社会政治的制度结合得更紧了。西汉和东汉统治者为了巩固中央集权,他们使王权与神权进一步合流,为王权神授制造理论根据。但在实际政治生活中,他们把神权限制在王权之下,而不允许平起平坐,更不用说神权凌驾王权之上了。

中国封建统治者,由于和农民起义打交道的经验多,日益感到利用宗教化的儒学来麻痹人民的反抗意志十分必要。因此,汉代开始采用儒家的经典来为他们的政治、法律的措施作说明。汉武帝时,张汤决狱,要从《春秋》中找根据(其实是捕风捉影,与《春秋》没有关系)。东汉以皇帝名义召开的白虎观的会议,更是用政权来推行神权、用神权维护政权的典型例子。这时儒家的面貌已经不同于先秦的儒家,孔子地位被抬高了。

汉代的儒家,先按照地上王国的模型塑造了天上王国,然后又假借天上王国的神意来对地上王国的一切活动发指示。这就是汉代从董仲舒到白虎观会议的神学目的论的实质。天为阳、为君、为父、为夫;地为阴、为臣、为子、为妇。天地自然界的秩序被说成像地上汉王朝那样的社会秩序。自然界也被赋予封建伦理道德的属性。虽然没有西方上帝造人类那样的创世说，但也有类似的地方。儒家定于一尊，儒家的经典成为宗教、哲学、政治、法律、道德、社会生活、家庭生活以及风俗习惯的理论依据。哲学虽不像欧洲中世纪那样都成为神学的婢女，但成了六经的脚注，非圣等于犯法。所谓圣人就是尧、舜、禹、汤、文、武、周公、孔子等儒家所崇拜的偶像。

东汉末年的黄巾大起义，动摇了汉王朝的政治统治基础。王权与神权紧密配合的汉王朝崩溃，代之而起的是分散割据的地方封建势力。政治上出现了三国分立的局面。三国时，商业交换基本停止，不再铸造货币，出现了更典型的自然经济。以王权、神权相结合的儒家正统思想——神学目的论也受到了致命的冲击。这时出现了魏晋玄学，在民间和社会上层相继发展了佛教、道教。这时，我国北方、南方少数民族也纷纷武装起义来反抗汉族的政治压迫。他们的领袖人物中有的是被卖的奴隶，后来起义成功，建立了王朝[1]。在思想领域，他们首先冲击的是儒家内中华而外夷狄的思想。少数民族统治者信奉佛教。汉族群众信奉佛教和道教。五斗米道、太平道在农民中间广泛流行。

由于中国广大地区已具有高度的封建经济、政治和文化，少数民族掌握政权后，由奴隶制社会很快被带进了封建社会。封建社会的统治和被统治的关系，也很快被他们接受。具有中国特点的封建宗法专制主义也还得被重视。因为这一套统治人民的经验行之有效，而这一套封建伦理道德规范在儒家有深远传统。当然，起决定作用的是中国封建的经济结构和社会结构。中国封建社会的宗法制度是与中国封建社会相终始的，"三纲""五常"被儒家说成是万世不变的规范。说"万世不变"，这是古人的局限性，因为古人不知道封建社会以外还有其他生产方式。仅就中国的社会情况而论，说它是封建社会"万世不变"的秩序也

---

[1] 如以刘聪、石勒等人（《晋书》卷一〇二及卷一〇四）为代表的北方少数民族的起义。

未尝不可。

在魏晋南北朝时期,佛教、道教广泛流行,儒家失去独尊的地位,但统治者并未抛弃它,它仍然是封建思想的正统。梁武帝崇奉佛教,但梁武帝的《敕答臣下神灭论》的主导思想仍是儒教而不是佛教。当时的统治者用佛、道作为儒教的补充,三者并用或交替使用。三教之间有斗争,有妥协,也互相吸收。既然封建宗法制度未变,维护封建宗法制度的伦理纲常就不会被抛弃,"三纲""五常"的秩序非维持不可。因此,佛教、道教也要适应封建宗法制度的要求,才能得到地主阶级的支持。佛教五戒十善,采用的善恶道德标准仍然不能超出三纲五常的规定范围,违反了就是十恶不赦。封建地主以造反为罪大恶极,佛教也认为无君无父是构成入地狱的罪行。难怪宋文帝发自肺腑地说,佛教虽主张出世,但有助于王化[1]。魏晋玄学否定了神

---

[1] 宋文帝:"若使率土之滨,皆敦此化,则朕坐致太平矣,夫复何事?"(见《广弘明集·宋文帝集朝宰论佛教》)

学目的论,但未对儒家的封建宗法制度、三纲五常触动一根毫毛。当时名教与自然的争论,反映了玄学家们如何对待三纲五常的根本态度。不论哪一派,都不敢说不要名教。玄学最大的代表人物之一如王弼,还是认为孔子比老子高明[1]。农民不是先进的生产关系的体现者。农民的思想随着生产资料、政治权力的被剥夺,也被迫接受统治阶级的王权神授、天命决定论,也被封建宗法制度所束缚[2]。

虽然政治上南北处于分裂状态,中国历史这一时期在某些方面仍有所发展。北方和南方在各自的统治范围内有相对安定的政治局面,于是北方和南方各民族在经济、文

---

[1] [裴徽]问弼曰:"夫无者,诚万物之所资也,然圣人莫肯致言,而老子申之无已者何?"王弼回答说:"圣人体无,无又不可以训,故不说也。"(何劭《王弼传》引)

[2] "统治阶级的思想在每一时代都是占统治地位的思想。这就是说,一个阶级是社会上占统治地位的物质力量,同时也是社会上占统治地位的精神力量。支配着物质生产资料的阶级,同时也支配着精神生产的资料。因此,那些没有精神生产资料的人的思想,一般的是受统治阶级支配的。"(《德意志意识形态》,《马克思恩格斯选集》第1卷)

化的交流中有了进一步的融合。许多落后的氏族部落和奴隶制初期的民族,由于同汉族不断交往,相互了解、通婚、学习,很快赶上来,进入封建社会,这就给以后隋唐建立的多民族繁荣昌盛的封建统一王朝准备了条件。

隋唐时期由于封建经济的进一步繁荣、发展,对世界经济文化交流有过贡献。南北朝时期分裂割据的影响逐步泯除。佛教结束了南北朝各宗派长期分裂的局面,形成了统一的各宗各派;道教也混合南北,形成了统一的唐代道教。佛教、道教各自发展自己的寺院经济并建立宗派传法世系。儒家的经学也兼采南北经学流派,形成具有唐代特点的经学。儒、释、道三家鼎立,都得到封建王朝的大力支持[1]。三家学说有异,服务的对象却是一家[2]。朝廷遇有大

---

[1] 唐大足元年(701),武则天当政时,已明白宣示,三教有共同的任务,并令人撰写《三教珠英》(《唐会要》卷三六)。

[2] 文宗诞日,召秘书监白居易,安国寺沙门义林,上清官道士杨弘元入麟德殿内道场谈论三教。居易对语中有谓"儒门释教虽名数则有异同,约义立宗,彼此亦无差别,所谓同出而异名,殊途而同归者也"(《白氏长庆集》卷六七)。

典，经常让三教中的代表人物在殿上公开宣讲。儒家讲儒家的经典，佛教、道教也各自讲各自的经典，时称儒、释、道三教。儒、释、道所讲论的内容，也逐渐由互相诋毁而变得互相补充。政府命令禁止道教攻击佛教和佛教攻击道教的文字宣传。唐初朝廷举行公开仪式中，有时规定佛教徒在先，有时规定道教徒在先，中唐以后规定齐行并进，不分先后。儒家对佛、道有所攻击，主要说他们不生产、不当兵、不纳税、不负担政府的义务、不符合中国传统的风俗习惯，等等。但儒家在哲学观点上，则大量吸收佛、道的东西。

久为人们熟悉的宋代理学的开创者周敦颐的代表著作是他的《太极图说》和《通书》。周敦颐的学术渊源，来自道士（陈抟—种放—穆修—周敦颐），他们的传授关系是有案可查的。维护周敦颐的朱熹一派，极力否认周氏与道教的关系，给以新的解释；也有一派如陆九渊弟兄，认为"无极"之说源出老子（道教），为了维护儒家的正统，他们提出这不是周氏的主张，不然就是他早年思想体系不成熟的作品。又据记载，周敦颐与僧寿涯也有学术上的交往[1]。宋代的朱熹与道教的牵连更深，对道教的经典《阴符经》《参同契》曾大力钻研。儒道合流的代表人物，由北宋上溯，如唐朝司马承祯，由此再上推，到南朝的陶弘景，北朝的寇谦之，都是结合封建伦理学说来宣传道教的。宋以后的道教更是公开宣扬三教合一，如假托吕洞宾名义的一些宋明道教著作，都在宣扬忠孝仁义等封建宗法世俗观点。

儒佛互相渗透的情形更普遍，如唐代的柳宗元、刘禹锡、梁肃、白居易，这是人所共知的。过去人们对柳宗元、刘禹锡以唯物主义而信佛，觉得不好理解，有的哲学史工作者出于爱护唯物主义哲学家的感情，对这个现象也进行过解释，对他们的信佛表示遗憾。宋代的唯物主义者王安石，同时又是佛教的信奉者，晚年还舍宅为寺。这些唯物主义者都

---

[1] 僧寿涯赠诗有："有物先天地，无形本寂寥。能为万象主，不逐四时凋。"

受儒教的熏陶，并且认为儒佛并不矛盾，可以相通[1]。以佛教徒和尚而公开主张儒教的，如宋代的孤山智圆，自号"中庸子"，他自称：

> 中庸子智圆名也，无外字也，既学西圣之教，故姓则随乎师也。尝砥砺言行以庶乎中庸，虑造次颠沛忽忘之，因以中庸自号，故人亦从而称之。或曰："中庸之义其出于儒家者流，子浮图子也，安剽窃而称之耶？"对曰："夫儒释者言异而理贯也，莫不化民俾迁善远恶也。儒者饰身之教，故谓之外典也；释者修心之教，故谓之内典也。唯身与心则内外别矣，蚩蚩生民岂越于身心哉？非吾二教何以化之乎？嘻！儒乎，释乎，其共为表里乎！"（《闲居编·中庸子传上》）

---

[1]（唐）柳宗元："浮图诚有不可斥者，往往与《易》《论语》合，诚乐之，其于性情奭然，不与孔子并道。"（《柳河东集》卷二五）

故吾修身以儒,治心以释,拳拳服膺,罔敢懈慢犹恐不至于道也,况弃之乎?呜呼!好儒以恶释,贵释以贱儒,岂能庶中庸乎?(《闲居编·中庸子传上》)

自然现象不同于社会现象,它不具有人类社会的道德属性,但智圆用儒家的仁义观点,加以自然生物以道德属性[1],与朱熹等以仁义礼智释元亨利贞的思想方式是一个路数。

至于佛教与道教的合流,交互影响,也是随着隋唐在政治上的大一统而形成的。道教经典很多取自佛经,这已

---

[1] "钱唐县西北水行十八里,有村曰'义犬'者。昔人养犬甚训,行迈于是,醉卧草间,野火四至,将焚焉。犬能亟至河岸,以身濡水,湿其草,主遂免祸。睡觉,犬力殚毙矣。感其义,因葬之。乡人命其地曰'狗葬'。后刺史以'义犬'之名,易'狗葬'之名。予舟行过其地,遂为文以感之:'浩浩动物,唯人为贵。立人之道,曰仁以义。二者不行,与畜同类。畜能行是,与人曷异。懿矣斯犬,立功斯地。救主免焚,濡草以智。其身虽毙,其名不坠。'"(《闲居编·感义犬》卷二七)

是公认的事实[1]。天台宗的创始人慧思,既是佛教徒,又信奉道教长生求仙的方术,要做"长寿仙人"[2],史传有明文,并不避讳。

从唐代的儒、释、道三教鼎立发展为宋代的三教合一,这个长期的历史过程,也就是儒教在封建政权的支持下逐渐酝酿成熟的过程。

从汉武帝独尊儒术起,儒家已具有宗教雏形。但是,宗教的某些特征,尚有待于完善。经历了隋唐佛教和道教的不断交融、互相影响,又加上封建帝王的有意识地推动,三教合一的条件已经成熟,以儒家封建伦理为中心,吸取了佛教、道教一些宗教修行方法,宋明理学的建立,标志着中国儒教的完成。它信奉的是"天地君亲师",把封建宗法制度与神秘的宗教世界观有机地结合起来。其中君亲是中国封建宗法制的核心。天是君权神授的神学依据,地是

---

[1] 南朝梁陶弘景的《真诰》有数十处抄自《四十二章经》。
[2] 见(南朝陈)慧思:《南岳誓愿文》。

作为天的陪衬,师是代天地君亲立言的神职人员,拥有最高的解释权,正如佛教奉佛、法、僧为三宝,离开了僧,佛与法就无从传播。宋朝理学兴起的时候,恰恰是释道两教衰微的时候。风靡全国,远播海外的佛教,形式上衰微了,实际上并没有消亡,因为儒教成功地吸收了佛教。看起来中国没有像欧洲中世纪那样宗教独霸绝对权威,但中国中世纪独霸的支配力量是不具宗教之名而有宗教之实的儒教。

儒教这个宗教,看起来不同于其他宗教,如基督教、伊斯兰教、佛教等,甚至打出反对上述宗教的幌子。清代学者颜元早已指出,程颐的思想"非佛之近理",乃程颐之理"近佛"(见《存学编》)。还指出:

> 其(朱熹)辟佛老,皆所自犯不觉。如半日静坐,观喜怒哀乐未发气象是也,好议人非,而不自反如此。(《存学编》)

进入高级阶段的宗教都有他们不同的"原罪"说。宣传人生下来就有罪,必须靠宗教的精神训练来拯救人们的灵魂。程颐说:

大抵人有身,便有自私之理。宜其与道难一。

儒教宣传禁欲主义:

甚矣,欲之害人也。人之为不善,欲诱之也。诱之而弗知,则至于天理灭而不知反。故目则欲色,耳则欲声,以至鼻则欲臭,口则欲味,体则欲安。此则有以使之也。然则何以窒其欲?曰:思而已矣。学莫贵于思,惟思为能窒欲。曾子之三省,窒欲之道也。(《宋元学案·伊川学案》)

这种禁欲主义,一直成为宋以后儒教修养的中心思想。他们甚至连五欲排列的次序也按佛教的眼、耳、鼻、舌、身五欲排列。

宗教都要树立一个至高无上的神（名称各有不同）。儒教亦宣传敬天、畏天，称国君是天的儿子。君权与神权紧密结合起来，国君被赋予神性。儒教还有祭天、祀孔的仪式。

宣传"以贫为荣""以贫为乐"，也是儒教的一个重要内容。儒教著作中称赞有道之士"虽箪瓢屡空，晏如也"。穷了，就避免了声、色的物质诱惑。儒教认为生活水平越低，道德品质越高，他们把物质生活的改善看作罪恶的源泉，把生活欲望与道德修养摆在势不两立的地位。"不是天理，便是私欲""无人欲即是天理"（《宋元学案·伊川学案》）。

儒教把一切学问都归结为宗教修养之学。儒教不去改造客观世界，而是纯洁内心；不向外观察，而是向内反省；不去认识世界的规律，而是去正心诚意当圣贤。圣贤的规格就是儒教规格的人的神化，即典型的僧侣主义的"人"。他们说：

> 颜所好者何学也,学以至圣人之道也……喜怒哀乐爱恶欲,情既炽而益荡,其性凿矣。是故觉者约其情,始合于中,正其心,养其性,故曰:"性其情。"愚者则不知制之,纵其情以至于邪僻,桔其性而亡之,故曰:"情其性。"(《颜子所好何学论》)
>
> 伊川见人静坐,便叹其善学。(《宋元学案·伊川学案》)

宗教都主张有一个精神世界或称为天国、西方净土,宗教都有教主、教义、教规、经典,随着宗教的发展形成教派。在宗教内部还会产生横逸旁出的邪说,谓之"异端"。儒家则不讲出世,不主张有一个来世的天国。这是人们通常指出的儒家不同于宗教的根据。

但是我们应当指出,宗教所宣扬的彼岸世界,只是人世间的幻想和歪曲的反映。有些宗教把彼岸世界说成仅只是一种主观精神状态。在中国的历史上,隋唐以后的佛教、道教,都有这种倾向。以影响最大的禅宗为例。中国出现过许多宗派,禅宗受中国封建文化影响最多,他们宣称"菩提只向心觅,何劳向外求玄?听说依此修行,西方只在眼前"(《坛经》)。禅宗主张极乐世界不在彼岸而在此岸,不在现实生活之外,就在现实生活之中,所谓出家、解脱,并不意味着离开这个世界到另一个西天。在日常生活之中,只要接受了宗教的世界观,当前的尘世就是西天,每一个接受佛教宗教观的众生即是佛,佛不在尘世之外,而在尘世之中。

宋明理学吸收了禅宗的这种观点。虽然它不讲出世,不主张有一个来世的天国,但是却把圣人的主观精神状态当作彼岸世界来追求,这和禅宗主张在尘世之中成佛是完全相同的。

程颢的《定性书》被宋明理学家公认为经典性的权威著作,这种"定性"与佛教禅宗的宗教修养方法一脉相承,所谓"动亦定,静亦定,无将迎,无内外"(《定性书》),

即是禅宗的"运水搬柴，无非妙道"。把人性区别为"义理之性"与"气质之性"，"人欲"又是挟"气质"以具来的罪恶，实质上是宗教的"原罪"观念。程颐的《颜子所好何学论》是一篇典型的宗教修养方法论，是一篇宗教禁欲主义的宣言书。张载的《西铭》也是一篇歌颂"天地君亲师"的儒教宣言，他认为人生的一切遭遇天地早安排定了，享受富贵福泽是天地对你的关怀，遭受贫贱忧戚，是天地对你的考验。天地与君亲本是一家人。二程教人主敬，程颐终日"端坐如泥塑人"。"存天理，去人欲"更是一切唯心主义理学家全力以赴的修养目标。他们所谓"天理"，无非是封建宗法制度所允许的行为准则，内容不出"三纲""五常"这些儒教教条。儒教追求的精神境界更偏重于封建道德修养，巩固宗法制度。儒教的孝道除了伦理意义外，还有宗教性质[1]。儒教没有入教的仪式，没有精确的教徒数目，但在中国社会的各阶层都有大量信徒。儒教的信

---

[1] 见《孝经》。

奉者绝不限于读书识字的文化人，不识字的渔人、樵夫、农民都逃不脱儒教的无形控制。专横的族权，高压的夫权，普遍存在的家长统治，简直像毒雾一样，弥漫于每一个家庭，每一个社会角落。它像天罗地网，使人无法摆脱。

宋明理学所普遍关心并反复辨明的几个中心问题有"定性"问题、"义理之性"与"气质之性"的问题、"孔颜乐处"问题、"主敬"与"主静"问题、"存天理，去人欲"问题、"理一分殊"问题、"致良知"问题，等等。这些问题虽以哲学的面貌出现，却具有中世纪经院神学的实质和修养方法。看起来问题虽多，最后都要归结到"存天理，去人欲"这个中心题目上来。

宋明理学各家各派，不论是政治上进步的、保守的、唯心的、唯物的，都在围绕一个中心问题阐述自己的观点：如何正确处理（对待）"天理"与"人欲"的关系，它不是一个哲学问题而是一个神学问题，即如何拯救灵魂，消灭"罪恶"，进入"天国"（理想的精神境界）的问题。中国哲学史涉及社会伦理思想的特别多，而涉及自然的比较少，这也是被中世纪封建社会的特点所决定的。欧洲中世纪的哲学是神学的奴婢,它的注意力也不在认识自然界而在拯救人类的灵魂。恩格斯指出,特别在近代才突出思维与存在、精神与物质的关系问题[1]。古代不是这样,那时是靠天吃饭,是自然的奴隶,也就没有能力摆脱神学的束缚。西方中世纪神学的中心观念是"原罪",中国中世纪神学的中心观念是"存天理,去人欲"。这不是谁抄袭谁的,而是封建社会的共性决定了的。只要是中世纪封建社会,必讲天理人欲之辨。只是欧洲有欧洲的讲法,印度有印度的讲法,中国有中国的讲法。

在资本主义出世以前,人们都受神的统治,神学笼罩一切。因为中外中世纪的经济是封建经济、小生产的自然经济,靠天吃饭。物质生产要靠天,精神上就不能不靠天。人们不能摆脱宗教这个异己的力量。统治者则充分利用牧

---

[1] "全部哲学,特别是近代哲学的重大的基本问题,是思维和存在的关系问题。"见《马克思恩格斯选集》第4卷。

师这一职能来维持其统治。由于这个原因,封建社会里的唯物主义阵营在实力上无法与唯心主义阵营旗鼓相当,唯物主义者总不能摆脱宗教和唯心主义的巨大影响。欧洲中世纪宗教和教会具有垄断一切的势力,曾经发生过唯名论与唯实论的争论,唯名论属于唯物主义阵营,但要披上宗教的外衣。后来18世纪法国唯物主义者则是踢开上帝,抛开神学的外衣,大讲无神论。像斯宾诺莎实质是唯物主义者,还保留着"神"这个外壳。中国哲学史上提出唯物主义观点的思想家,如宋代的陈亮、明代的王廷相、清代的王夫之、颜元、戴震等人都在不同的领域对儒教的某一方面的问题有所抨击[1]。与正统的儒教——程朱陆王的理学在哲学路线上相对立,但他们都抛不开孔子,摆脱不了六经,他们都自称得到孔子的正统真传,假借孔子、孟子的衣冠来扮演革新儒教的角色。他们对孔子这位教主则不敢怀疑。

---

[1] 他们给"人欲"以合法的地位,主张唯物论,反对唯心论,这都不符合儒教的原则。

明代的李贽曾提出过"不以孔子之是非为是非",这是他敢于突破藩篱的地方,他怀疑的限度只限于孔子的个别结论,而不是怀疑孔子这个教主,更不是要打倒孔子。他竭力抨击那些口诵圣人之言、败坏封建纲常的假道学假圣人之徒,他提倡忠孝仁义,维持封建宗法制,他是爱护这个制度的孤臣孽子。李贽对佛教五体投地,他是儒教异端,而不是反封建的英雄。

宋明理学体系的建立,也就是中国的儒学造神运动的完成,它中间经过了漫长的过程。儒教的教主是孔子,其教义和崇奉的对象为"天地君亲师",其经典为儒家六经,教派及传法世系即儒家的道统论,有所谓十六字真传[1]。儒教虽然缺少一般宗教的外在特征,却具有宗教的一切本质属性。僧侣主义、禁欲主义、"原罪"观念、蒙昧主义、偶像崇拜,注重心内反省的宗教修养方法,敌视科学、轻视生产,这些中世纪经院哲学所具备的落后宗教内容,儒教

---

[1] "人心惟危,道心唯微,惟精惟一,允执厥中。"(《尚书·虞书》)

应有尽有。

佛教禅宗曾把僧侣变成俗人,以求得与中国的封建宗法制度配合;儒教则把俗人变成僧侣,进一步把宗教社会化,使宗教生活、僧侣主义渗透到每一个家庭。有人认为中国不同于欧洲,没有专横独断的宗教;我们应当看到中国有自己的独特的宗教,它的宗教势力表面上比欧洲松散,而它的宗教势力影响的深度和广度、控制群众的牢固性更甚于欧洲中世纪的教会。欧洲中世纪设有异教裁判所,中国的儒教对待叛道者使用的教条教规也是十分严酷的。凡是触犯了封建宗法规范,被认定为大逆不道、逆伦灭理的,可以在祠堂里当众处置,直到死刑。更重要的一个手段是"以理杀人"。被儒教残害的群众,连一点呻吟的权利也被剥夺干净,丝毫同情、怜悯也得不到。千百年来,千千万万男男女女无声无息地被儒教的"天理"判了死刑。儒教"视人之饥寒号呼、男女哀怨,以至垂死冀生,无非人欲"(戴震《孟子字义疏证》),必尽除之而后快。真是"杀人如草不闻声",精神的镣铐比物质的镣铐不知道严酷多少倍。

董仲舒对孔子的改造，已经使孔子的面目不同于春秋时期的孔丘。汉代中国封建社会正在上升时期，统一的封建王朝继秦朝以后，富有生命力，配合当时的政治要求而形成的儒教虽有其保守的一方面，但也有积极因素。宋明以后，中国的封建社会已进入后期，出现的资本主义萌芽都不幸没有得到正常发展的机会。宋明封建王朝的统治者推动儒教的发展，朱熹对孔子的改造，与孔子本人的思想面貌相去更远。如果说汉代第一次对孔子的改造，其积极作用大于消极作用，那么宋代第二次对孔子的改造，其消极作用则是主要的。

儒教限制了新思想的萌芽，限制了中国的生产技术、科学发明。明代（16世纪）以后，中国科技成就在世界行列中开始从先进趋于落后。造成这种落后，主要原因在于封建的生产关系日趋腐朽，使社会经济停滞不前，中国的资本主义没有得到发展的机会，而儒教体系对人们探索精神的窒息，也使得科学的步伐迟滞。上层建筑对它的基础绝不是漠不关心的,它要积极维护其基础。中国封建社会特别顽固,儒教的作梗应当是原因之一。

自从五四运动开始提出"打倒孔家店"的口号,当时进步的革新派指出孔子是中国保守势力的精神支柱,必须"打倒孔家店",中国才能得救。当时人们还不懂得历史地看待历史事件和历史人物,不善于用发展变化的眼光看待事物,因而把春秋时期从事政治活动和教育文化事业的孔子和汉以后历经宋元明清封建统治者捧为教主的孔子混为一谈。孔子只能对他自己的行动承担他的历史功过,孔子无法对后世塑造的儒教教主的偶像负责。作为一个教育家、政治思想家、先秦儒家流派的创始人,我们应当给以全面的恰当的评价,历史事实不容抹掉,而且也是抹不掉的。孔子这个人在历史上的功过,现在学术界还没有一致的意见,这是一个学术争论的问题,不可能短期取得一致的意见。儒教的建立标志着儒家的消亡,这是两笔账,不能混在一起。说孔子必须打倒,这是不对的;如果说儒教应当废除,这是应该的,它已成为阻碍我国现代化的极大思想障碍。

有人认为中国历史上不曾出现过像欧洲中世纪那样的政教合一的黑暗统治时期，是得力于孔子的儒家学说。儒家起了抵制宗教的作用，儒家不迷信，所以抑制了神学的统治。

中国没有出现欧洲中世纪那样的基督教，这是中国社会的特点所决定的；说中国有了儒家从而避免了一场宗教神权统治的灾难，是不对的。因为儒教本身就是宗教，它给中国历史带来了具有中国封建宗法社会特点的宗教神权统治的灾难。

宗教、迷信、神权是人类历史上不可避免的现象，迄今还没有发现过有哪一个民族、国家有对宗教的免疫能力。不过在不同国家和不同地区，宗教具有不同的表现形式罢了。中国儒教顽强地控制着中国，它与中国封建社会相始终，甚至封建社会终结，它的幽灵还在游荡。

还应当看到宗教有它的形式和内容。形式上可以有信奉的偶像不同、教义教规的不同，但寻求彼岸世界的宗教世界观是一切宗教的共同的特点。教权与王权的关系，西方与东方形式上有所差异，西方是教权高于王权，中国除从前西藏地区外，则是王权高于教权。但王权与教权的紧密配合，及其禁锢人们思想的程度，东方与西方没有两样。

有人认为中华民族屹立于世界民族之林，经历了多少次风雨，儒家提倡的气节，起了重要作用。所以历史上出现了临危不惧、见义勇为的英雄人物。当民族面临严重危机的关头，我国出现过不少英雄，他们是民族的脊梁。应看到，临危不惧、以身殉其理想，历史上屡见不鲜，如墨子的门徒们为维护墨家的利益、理想，赴汤蹈火，死不旋踵；田横有五百壮士同日自杀以殉齐国；董狐秉笔直书，视死如归。他们都不是孔子或儒家的信徒。还有一些为宗教狂热的驱使到西方取经的佛教徒，也能不避死亡，策杖孤征。可见把曾子所说的"可以托六尺之孤，可以寄百里之命，临大节而不可夺"的坚强品德记在孔子或儒家名下，是不符合事实的。像曾子所标榜的这个要求，儒家创始人孔子就没有做到。孔子周游列国，遭到蒲人的围困，孔子对天发了假誓，作了保证，才逃脱包围。一旦脱离险区，发的誓就不算数了，还自己解嘲说"要盟不信"[1]。孔子还看不起那些"言必信，行必果"[2]的人们，他在气节这一点上偏偏表现得不好。一个民族，不论大小，都有它的长处。世界大门已经敞开，可不能再抱着"辽东白豕"那种自我欣赏、自我锢蔽的态度。欧洲人的书里也曾讲由于有了基督教的好传统使他们保持了宽忍、忍让、慈爱为怀的高尚情操。事实果真如此吗？我们中华民族早就有过深刻体会——当年大炮、军舰、《圣经》、鸦片同时出现，这就是他们所宣扬的高尚情操。所谓宽容、忍让的美德是有的，它出自劳动人民，而不是《圣经》教训的结果。

有人认为儒家有爱国主义的好传统，儒家保存了中华民族的文化，形成一种团结的向心力。

爱国主义，不是抽象的名词，它有实际的内容。春秋

---

[1]"要盟也，神不听。"(《孔子世家》)
[2]《论语·子路》："言必信，行必果，硁硁然，小人哉。"

战国时期诸侯国林立。许多学有专长的人，有政治抱负的人，到处游说，想依靠一个国家的国君支持他们的主张，推行他们的政治理想。孔子就是其中的一个。孔子离开了他的祖国鲁国，到处游说，他到过齐国、卫国、楚国等大国。哪一个国君用他，他就在哪一个国家当官。后来孔子的弟子们、诸子百家的领袖们都是这样做的。当时没有人议论他们背离祖国，或不爱国。战国末期，李斯的《谏逐客书》不但没有想到要好好为祖国效力，而是举出种种理由，规劝外国君主重用有才学的外国人，而不必管他们来自哪个国家。当时各民族之间经济、文化、婚姻的联系频繁，视为当然，诸侯贵族曾与邻近的少数民族通婚[1]。春秋战国时期，民族之间，国与国之间的关系是正常的，开放的，不是封闭的。

到了秦汉以后，中国创立了多民族的统一的宗法封建专制主义的大一统的国家。这时的国内各民族的关系也是

---

[1]《史记·晋世家》：晋献公娶狄女，娶骊姬，晋文公娶季隗。

平等和睦的。只是来自北方游牧地区，尚处在奴隶制前期的匈奴部落对农业地区经常掠夺，把早已进入封建社会的内地居民掠为奴隶，这就遭到进入封建社会的全体人民的反抗。掠夺与反掠夺的斗争，加深了民族的隔阂。长期的战争和经济交流（战争也是一种代价很高的文化交流），使多民族的封建大一统国家在安定的政治局面下不断得到发展。隋唐皇室就不是纯汉族。唐代任用朝廷和地方官吏，对蕃汉各族一视同仁，这对于封建的发展繁荣起着促进作用。民族融合，和平相处，这是历史发展的主流。

但也应当看到，由于地理形势的局限，我国与东南海外的往来关系远不如西北陆上的密切。我国历史上不断地一批一批把西北民族从部落社会、奴隶制社会带进了封建制社会，同时又不断接触一些新的部落民族。长期以来，形成了汉族的自大优越感，以"天朝"自居。宋以后，历代统治者致力于控制内部、防止造反，再加上儒教的长期灌输，从而形成一种极不健康的民族思想意识。对外来的东西，又怕又恨，产生一种儒教变态心理[1]。

有人认为有了以儒教为中心的文化共同体，团结了中华民族。华侨中多半相信儒家思想，他们的爱国主义精神，多得力于儒家传统。

这是用思想去说明社会历史，而不是用社会历史去说明思想，而且这个说明也是不正确的。华人海外谋生，很不容易，他们多半是冒着生命危险去的。明清以前出国谋生的华侨得不到政府的支持和保护，近代中国又处在半殖民地的地位，政府无力保护，在海外受尽了凌辱和种族歧视。华侨如不团结，不互相帮助，就难以生存，更不用说发展了。华侨渴望祖国繁荣、昌盛，他们的处境决定了他

---

[1] "宋的文艺，现在似的国粹气味就熏人。然而辽金元陆续进来了，这消息很耐寻味。汉唐虽然也有边患，但魄力究竟雄大，人民具有不至于为异族奴隶的自信心，或者竟毫未想到，凡取用外来事物的时候，就如将彼俘来一样，自由驱使，绝不介怀。一到衰敝陵夷之际，神经可就衰弱过敏了，每遇外国东西，便觉得仿佛彼来俘我一样，推拒，惶恐，退缩，逃避，抖成一团，又必想一篇道理来掩饰，而国粹遂成为孱王孱奴的宝贝。"(《看镜有感》，《鲁迅全集》第1卷）

们热爱祖国的思想感情。

中国是一个封建宗法制度占统治地位的国家，华侨离乡背井，往往依靠封建宗法关系、同乡邻里关系、行会关系。以这些关系为纽带，加上语言、习惯、经济的联系，自然结成了自己的相互依存的共同体。他们可能把"天地君亲师"的神位一齐带出国，但团结他们的主要力量是现实的生活而不是什么儒教的遗泽。多少世纪以来，世界上失去祖国的犹太人，顽强地生存着，他们都不信儒教。流浪的吉卜赛人，也顽强地生活着，他们也不知道什么是儒教。

有人说，儒教集中体现了中华民族优良的文化传统，它培育了许多"取义"、"成仁"、可歌可泣的民族英雄。不错，中华民族是有优良的传统，在它的历史上也涌现出许许多多伟大的民族英雄，但不能把功劳记在儒家或儒教的账上。中华民族的优秀文化传统和自强精神是在同民族压迫和阶级压迫的斗争中，在同自然界的斗争中形成的，主要是指反抗精神、牺牲精神、科学精神和民主精神。这些优良传统首先体现在广大劳动人民身上，也体现在代表人民利益的一些先进的人物身上。历来反抗黑暗的专制统治、反抗暴政、反抗民族压迫，最终把封建制度推翻的并不是正统的儒家人物，而是农民的革命力量。创造了中国灿烂的古代文明，在农业、手工业和建筑、绘画、雕塑等方面创造出高度的技艺和举世闻名的伟大作品的作者们甚至连名字也没有留下，他们是农民、手工工人和各种巧匠艺师，却不是儒教信徒。否定天命鬼神，高举无神论和唯物论旗帜的并不是儒教正统学者，而是敢于冲破儒教传统的先进人物。宋元及明清优秀的文学作品，其领导思想多半是发不平之鸣、离经叛道之作。近百年来，在民族危亡、社会昏暗的时刻，从伟大的太平天国运动、辛亥革命，直到五四运动，这些斗争唤醒了沉睡的中国，为在中国共产党领导下使中国重立于世界各国之林开辟了道路。这些伟大的运动，一个重要的斗争目标，就是反封建制度，反儒教思想。

宋明以后的儒教，提倡忠君孝亲、尊孔读经、复古守旧，都是文化遗产中的糟粕，是民族的精神赘疣。像岳飞这个民族英雄，由于儒教灌输给他的忠君思想，使他违背了民族利益，放弃已经到手的胜利，自己冤死，国家受难。文天祥在《正气歌》里说的"成仁""取义"的名句，虽出自儒教圣训，但推动他行动的根本动力，还是他面临的民族压迫的现实。我们同样应当指出，外来侵略者也提倡儒教，内部的投降派也提倡儒教。抗战时期日本帝国主义者也修过孔庙，大小维持会的头目，多为儒教信徒，而抗日根据地的军民群众并没有靠"成仁""取义"的口号来作为抗战的动力的。

中国文化确实有好传统，像奋发有为、刚毅顽强、吃苦耐劳、不畏强暴，这都是劳动人民的优秀品质。这些优秀品质并非来自儒教，甚至是反儒教的产物。如果我们的广大群众和海外侨胞都照儒教的规范行事，那就要脱离生产，轻视劳动，"畏天命，畏大人，畏圣人之言"，他们神龛里供奉着"天地君亲师"的神位，忠诚礼拜，终日静坐，"如泥塑人"，天天在"存天理，去人欲"，将是什么样的精神面貌,又怎能立足于世界呢?

  总之,历史事实已经告诉人们,儒教带给我们的是灾难、是桎梏、是毒瘤,而不是优良传统。它是封建宗法专制主义的精神支柱,它是使中国人民长期愚昧落后、思想僵化的总根源。有了儒教的地位,就没有现代化的地位。为了中华民族的生存,就要让儒教早日消亡。我们只能沿着"五四"时代早已提出的科学与民主的道路,向更高的目标——社会主义前进,而不能退回到五四以前老路上去。倒退是没有出路的。

儒家与儒教*

*据《任继愈学术论著自选集》。原载《中国哲学》(三联书店1980年第3辑),曾收入《儒教问题争论集》等。

儒这个称号不自孔子始。孔子以前社会上已有一批帮助贵族办丧事或帮助贵族执行相礼以谋生的人,这些人靠专门的知识混饭吃。孔子开始也是靠儒来谋生的,但是他比当时的儒博学,有政治主张,并参与当时的一些政治活动[1]。孔子开创的儒家是一个学术团体,又是政治团体。由于孔子一生为恢复周代的奴隶制而奔波,他的主张与历史发展方向背道而驰,所以他的活动没有成功,遭到社会和

---

[1] 如《论语》中记载,孔子告诫他的弟子,"汝为君子儒,无为小人儒"。

时代的冷遇。社会发展表明，孔子当时所极力主张的事物，后来都被历史所淘汰了；孔子当时极力反对的事物，后来都得到了发展、壮大。历史实践表明孔子是个反历史潮流的人物，他的思想是保守的，他的学说在当时所起的作用也是保守的。春秋时期是奴隶制崩溃、封建制形成的过渡时期[1]。孔子的社会地位并不十分显赫，他的学说也没有得到广泛的重视。孔子晚年不得已退而著书，整理典籍。他又是一个博学的学者、历史家、教育家，对古典文化的整理保存有贡献。孔子一生活动最大的成功处，就是他教育了不少有才干的学生，先后共计达三千人之多[2]。由于孔子的门徒多，势力大，他们又大部掌握文化知识，与被雇佣

---

[1] 这个问题在中国学术界有几派的说法，并没有一致的意见。大体上可分为四种说法。我主张春秋时期奴隶制向封建制过渡，战国时封建制确立。

[2] 这个数目后来的人没有提出过怀疑，可能接近真实。在社会大变革时，士这一阶层的人数逐渐扩大，后来战国中期以后，好几个国家的贵族和孟尝君、平原君、春申君，养士风气盛行，甚至一个贵族同时养士二三千人，孔子时代虽较早，一生共收纳弟子三千人，是可能的。

只会给贵族打仗守卫的武士不同,影响也较大。战国时期,儒家已成为社会上的显学,只有墨家这一派可以与之相抗衡,并先后分为八派[1]。这些不同的派别各有哪些特点,现在不可详考。从哲学的观点来划分,主要有两派,一派是唯心主义的孟子学派,另一派是唯物主义的荀子学派。

战国时期,各国已走着共同的道路,即由分散割据封建国家,走向统一的中央集权的封建国家。各阶级和阶层都为自己的利益而斗争。反映在思想上,即百家争鸣。百家争鸣的实质,即对当时面临行将统一的中央集权封建国家采取什么态度,由哪个阶级和阶层来执行这一历史任务。墨家代表"农与工肆之人"的利益,反对儒家亲亲的宗法制度,儒家骂墨家是"无父"。法家代表军功贵族和官僚阶层的利益,反对孝悌仁义,主张绝对君权的官僚制度。儒

---

[1]《韩非子·显学》称儒分为八,与墨家并称显学。这八派是:有子张之儒,子思之儒,有颜氏之儒,有孟氏之儒,有漆雕氏之儒,有仲良氏之儒,有孙氏之儒,有乐正氏之儒。

家虽然分为八派，有唯心主义和唯物主义的重大区别，但他们对封建制的宗法、等级制度，孟子和荀子没有两样。孟子主张"父子有亲，君臣有义，夫妇有别，长幼有序，朋友有信"（《滕文公上》）。其中最重要的是孝悌，"尧舜之道孝弟而已矣"（《告子下》）。以孝道为中心的宗法伦理思想是这种社会政治结构的指导思想。孟子还认为这种社会伦理观念是天赋的本性，从而构造了他的性善说。荀子与孟子处在理论尖锐对立的地位，但他在社会伦理上也主张社会离不开孝悌、忠信、仁义等道德规范。主张维护君臣、上下的等级制。他一再强调维持这封建宗法等级制的必要性，他认为要用人为的手段，即教化的灌输，而不相信这些道德出于人的本性。这是他的性恶论的结论。其他儒家介乎孟、荀之间，其封建伦理思想则是一致的。正因为这一点有它的一致性，所以虽分为八派，毕竟还是儒家。

孔子这个奴隶主的保守派，后来成了封建社会的圣人，这是不难理解的。因为奴隶制和封建制都是贵族等级制，西周以来宗法制度被保留下来。孔子的孝悌忠信的规范略加改造，即可用于封建制。

秦汉统一是中国社会历史上的一大变革。这个变革基本上奠定了中国封建王朝两千多年的格局——即中央集权的封建统一王朝是中国封建社会被中华民族所接受并认为这是正常的状态。遇到暂时的分裂割据政治局面出现，则认为是天下分崩不正常的乱世，一定把它纠正过来，才算拨乱反正，天下大治。

政治的统一，必然伴随着思想上的统一，这是历史所要求的，也是经中外历史所证明了的。秦汉统一后，封建统治者经历了七十多年的探索，终于找到了，也可以说建成了思想统一的精神工具，即儒家。我们要特别指出的是，这时的儒家已不同于先秦时期作为一个学派参与百家争鸣的儒家，而是封建大一统的王权与神权紧密结合的儒家。这个儒家尊奉的代表人物是孔子。但这已不同于先秦时期被人们重视的学者，同时又被人们嘲笑、讽刺、打击的失意政客，而是具有高度尊严的教主。孔子既是高贵的素王，又是任人摆布的偶像，他成了神和人的复合体。封建统治者的意志，无不需要加上孔子的经典中的一言半句来支撑，才显得有权威。

奴隶制社会在欧洲发展得比较完备而典型，欧洲的封建社会则不如中国的完备而典型。中国封建社会的生产力在世界封建社会的历史上发展得很充分。作为统治这个社会的封建地主阶级不断总结统治经验，不断完善它的上层建筑，使它形成一个相当完整的体系，包括哲学、宗教、文学、艺术、法律……各个方面。

西汉和东汉统治者为了进一步巩固中央集权，他们把王权与神权进一步合流，为王权神授制造理论根据。但他们又小心翼翼地使神权限制在王权之下，而不允许平起平坐，更不用说教权凌驾王权之上了。

中国封建统治者，由于和农民起义打交道的经验多[1]，他们更懂得自觉地利用宗教来麻痹人民的反抗意志。因此汉代开始采用儒家的经典为政治、法律的措施进行说明。

---

[1] 中国农民起义规模大、次数多，为世界历史所仅见。

汉武帝时，张汤决狱，要从《春秋》中找根据，其实是捕风捉影，与《春秋》没有关系。东汉以皇帝名义召开的白虎观的会议，更是用政权来推行神权、用神权维护政权的典型例子。这时的儒家的地位已经与先秦的儒家相去更远，孔子地位被抬得更高了。

汉代儒家，先是按照地上王国的模型塑造了天上王国，然后又用天上王国的神意来对地上王国的一切措施发指示。这就是汉代从董仲舒到白虎观会议的神学目的论的实质。天为阳、为君、为父、为夫；地为阴、为臣、为子、为妇。天地自然界的秩序被说成像地上汉王朝那样的社会秩序。自然界也被赋予封建伦理道德的属性。虽然没有西方上帝造人类那样的创世说，但也有类似的地方。儒家定于一尊，儒家的经典成为宗教、哲学、政治、法律、道德，社会生活、家庭生活以及风俗习惯的理论依据。哲学及所有科学虽不像欧洲中世纪那样都成为神学的婢女，但成了六经的脚注，则是事实。非圣等于犯法。所谓圣的标准，则不能离开儒家所规定的范围。东汉末年的黄巾大起义，动摇了汉王朝的政治统治基础。王权与神权紧密配合的汉王朝崩溃，代之而起的是分散割据的地方封建势力。政治上出现了三国分立的局面。三国时，商业交换基本停止。停止铸造货币，经济上出现了更典型的自然经济。思想上以王权、神权相结合的儒家正统思想神学目的论也受到致命的冲击。这时已出现了魏晋玄学，在民间和社会上层相继出现佛教、道教。这时，我国北方、南方少数民族也纷纷起来反抗汉族的政治压迫，起来造反。他们有的是被卖的奴隶，后来起义成功，建立了王朝[1]。他们首先冲击的是孔子儒家内中华而外夷狄的思想。他们信奉佛教，汉族农民则信奉道教。五斗米道、太平道在农民中间广泛流行。

由于中国广大地区已具有高度的封建经济、政治和文化，少数民族掌权以后，也由奴隶制社会很快被带进了封建社会。封建社会的统治和被统治的关系，也很快被接受。具有中国特点的封建宗法专制主义也还得被重视。因为这

---

[1] 如刘聪、石勒等人北方民族的起义。

一套统治人民的经验行之有效，而这一套封建伦理道德规范在儒家有深远传统。当然，起决定作用的是中国封建的经济结构和社会结构。中国封建社会的宗法制度是与中国封建社会相终始的，"三纲""五常"被儒家说成为万古不变的规范。说"万世不变"，这是古人的局限性，因为古人不知道封建社会以外还有其他生产方式。仅就中国的情况而论，说它是封建社会"万世不变"的秩序也未尝不可。

在魏晋南北朝时期，佛教、道教广泛流行，儒家失去独尊的地位，但统治者并未抛弃它，它仍然是封建思想的正统，梁武帝崇奉佛教，但梁武帝的《敕下答神灭论》的主导思想仍是儒教而不是佛教。当时的统治者用佛、道为儒教的补充，三者并用，或交替使用。三教之间有斗争，有妥协，也互相吸收。既然封建宗法制度未变，维护封建宗法制度的伦理纲常就不会被抛弃，"三纲""五常"的秩序非维持不可。因此，佛教、道教既然为这个制度服务，它也要适应封建宗法制度的要求，才能得到地主阶级的支持。农民不是先进的生产关系的体现者。农民的思想随着生产资料、政治权利的被剥夺，也被迫接受统治阶级的王权神授、天命决定论，也被封建宗法制度所束缚。佛教"五戒十善"，采用的善恶道德标准仍然不能超出三纲五常的规定范围，否则为十恶不赦。封建地主以造反为罪大恶极，无父无君也是佛教公认的构成入地狱受精神惩罚的罪行。难怪宋文帝发自肺腑地说佛教虽主张出世，但有助于王化。魏晋玄学否定了神学目的论，但未对儒家的宗法制度、三纲五常触动一根毫毛。当时名教与自然的争论，反映了玄学家们如何对待三纲、五常的根本态度。不论哪一派，都不敢说不要名教。玄学最大的代表人物如王弼，还是认为孔子比老子高明[1]。

由于政治上南北的分裂割据，中国历史这一时期从另一方面有所发展。北方和南方在各自的统治范围内有相对

---

[1] [裴徽]问弼曰："夫无者，诚万物之所资也，然圣人莫肯致言，而老子申之无已者何？"正弼回答说："圣人体无，无又不可以训，故不说也。"（何劭《王弼传》引）

安定的政治局面，于是北方和南方各民族在经济、文化的交流中有了进一步的融合。许多落后的氏族部落和奴隶制初期的少数兄弟民族之间，不断交往、了解、通婚、学习，很快赶上来进入封建社会，这就给以后隋唐建立的多民族繁荣昌盛的封建统一王朝准备了条件。

隋唐时期由于封建经济的进一步繁荣、发展，对世界经济文化交流有过贡献。经济、政治的繁荣发展也带动了哲学、宗教的繁荣发展。南北朝时期分裂割据的影响逐步泯除。佛教结束了南北朝长期分裂的局面，形成了统一的各宗各派；道教也混合南北，形成了统一的唐代道教。佛教、道教各自发展自己的寺院经济和宗派传法世系。儒家的经学也兼采南北经学流派，形成具有唐代特点的经学。儒、释、道三家鼎立，都得到封建王朝的大力支持[1]。三家服务的对象却

---

[1] 唐大足元年（701），武则天当政时，已明白宣示，三教有共同的任务。并令人撰写《三教珠英》(《唐会要》卷三六）。

是一家[1]。朝廷遇有大典，经常让三教中的代表人物在殿上公开宣讲。儒家讲儒家的经典，佛教、道教也各自讲各自的经典，时称儒、释、道三教[2]。儒、释、道所讲论的内容，也逐渐由互相诋毁而变成互相补充。由政府明令禁止道教攻击佛教和佛教攻击道教的文字宣传。唐初朝廷举行公开仪式中，有时规定佛教徒在先，有时规定道教徒在先，中唐以后规定佛、道两教徒齐行并进，不分先后。儒家对佛、道有所攻击，主要说他们不生产、不当兵、不纳税、不负担政府的义

---

[1] 文宗诞日，召秘书监白居易、安国寺沙门义林、上清宫道士杨弘元入麟德殿内道场谈论三教。居易对语中有谓"儒门释教虽名数则有异同，约义立宗，彼此亦无差别，所谓同出而异名，殊途而同归也"（《白氏长庆集》卷六七）。

[2] 元魏、后周、隋世多召名行广学僧与儒、道对论，悦视王道。唐高宗召贾公彦于御前与道士、沙门讲说经义。德宗诞日，御麟德殿，命许孟容等登座与释老之徒讲论。贞元十二年四月诞日，御麟德殿。诏给事中徐岱，兵部郎中赵需及许孟容、韦渠牟与道士葛参成、沙门谈筵等等二十人讲论三教。文宗九月诞日召白居易与僧惟澄、道士赵常盈于麟德殿谈论。居易论难锋起，辞辩泉注．上疑宿构，深嗟揖之（《僧史略》卷下）。

务，不符合中国传统的风俗习惯等等。

封建地主阶级的总头目唐朝的皇帝，把三教都看作宗教，而三教的信徒们也自居为宗教。佛教、道教是宗教自然不成问题。宗教都主张有一个精神世界或称为天国、西方净土；宗教都有教主、教义、教规、经典，随着宗教发展形成教派。在宗教内部还会产生横逸旁出的邪说，谓之"异端"。这种状况，佛教、道教都具备。儒家则不讲出世，不主张有一个来世的天国。这是人们通常指出的儒家不同于宗教的根据。

但是我们应当指出，宗教所宣扬的彼岸世界，只是人世间的幻想和歪曲的反映。有些宗教把彼岸世界说成是一种精神境界。在中国的历史上，隋唐以后的佛教、道教，都有这种倾向。以影响最大的禅宗为例，禅宗宣称"菩提只向心觅，何劳向外求玄？听说依此修行，西方只在眼前"（《坛经》）。禅宗主张极乐世界不在彼岸而在此岸，不在现实生活之外，就在现实生活之中，所谓出家、解脱，并不意味着离开这个世界到另一个西天。在当前日常生活之中，只要接受了宗教的世界观，当前的尘世就是西天，每一个接受佛教宗教观的众生即是佛，佛不在尘世之外，而在尘世之中。

这种观点给中国的佛教带来了独特的面貌，它也使中国的儒家逐渐成为具有中国特点的宗教——儒教。

从汉武帝独尊儒术起，儒家已具有宗教雏形。但是，宗教的某些特征，尚有待于完善。经历了隋唐佛教、道教的不断交融，互相影响，又加上封建帝王的有意识地推动，三教合一的条件已经成熟，以儒家封建伦理为中心，吸取了佛教、道教一些宗教修行方法，宋明理学的建立，标志着中国儒教的完成。它信奉的是"天地君亲师"，把封建宗法制度与出世的宗教世界观有机地结合起来。其中君亲是中国封建宗法制的核心。天是君权神授的神学依据，地作为天的陪衬，师是代天地君亲立言的神职人员，拥有最高的解释权，正如佛教奉佛、法、僧为三宝，离开了僧，佛与法就无从传播。宋朝理学兴起的时候，恰恰是释道两教衰弱的时候。佛教，为什么衰微了？因为儒教成功地吸收了佛教。为什么中国没有像欧洲中世纪那样宗教独霸绝对权威？因为中国中世纪宗教独霸的支配力量是儒教。

宗教世界观要求人们过着禁欲的生活，物质欲望是罪恶之源。安于贫困、以贫为乐的人，才算道德高尚、人品卓越。宋明理学所普遍关心并反复辩明的几个中心问题有"定性"问题、义理之性与气质之性的问题、孔颜乐处问题、主敬与主静问题，存天理去人欲问题、理一分殊问题、致良知问题等等。这些问题虽以哲学的面貌出现，却具有中世纪经院神学的实质和修养方法。

程颢的《定性书》被宋明理学家公认为经典性的权威著作。这种"定性"与佛教禅宗的宗教修养方法一脉相承，所谓"动亦定，静亦定，无将迎，无内外"[1]，即是禅宗的"运水搬柴，无非妙道"。把人性区别为义理之性与气质之性，人欲又是挟气质以具来的罪恶。实质上是宗教的原罪观念。程颐的《颜子所好何学论》是一篇典型的宗教修

---

[1]（宋）程颢：《定性书》。

养方法论,是一篇宗教禁欲主义的宣言书。张载的《西铭》也是一篇歌颂"天地君亲师"的儒教宣言,他认为人生的一切遭遇天地早安排定了,享受富贵福泽是天地对你的关怀,遭受贫贱忧戚,是天地对你的考验。天地与君亲本是一家人。二程教人主敬,程颐终日"端坐如泥塑人","存天理,去人欲"更是一切唯心主义理学家全力以赴的修养目标。他们所谓"天理",无非是封建宗法制度所允许的行为准则,内容不出"三纲""五常"这些儒教教条。儒教除了有一般宗教的共同性,又有它的特点。孔子被奉为教主,具有半人半神的地位。它追求的精神境界更偏重于封建道德修养,巩固宗法制度。比如儒教孝道除了伦理义外,还有宗教性质[1]。儒教没有入教的仪式,没有明确的教徒数目,但在中国社会的各阶层都有大量信徒。儒教的信奉者绝不限于读书识字的文化人,不识字的渔人、樵夫、农民都逃不脱儒教的无形控制。专横的族权,高压的夫权,普遍存

---

[1] 见《孝经》。

在的家长统治,简直像毒雾一样,弥漫于每一个家庭,每一个社会角落。它简直像天罗地网,使人无法摆脱。

宋明理学体系的建立,也就是中国的儒教的完成,它中间经过了漫长的过程。宗教的教主是孔子,其教义和崇奉的对象为"天地君亲师",其宗教组织即中央的国学及地方的州学、府学、县学,学官即儒教的专职神职人员。僧侣主义、禁欲主义、蒙昧主义,注重心内反省的宗教修养方法,敌视科学、轻视生产,这些中世纪经院哲学所具备的落后东西,儒教(唯心主义理学)也应有尽有。在内部也有个别思想家力图摆脱枷锁、正视现实,提出唯物主义观点的思想家,如宋代的陈亮、明代的王廷相、清代的王夫之、颜元、戴震等人都在不同的领域对儒教的某一方面的问题有所抨击[1],他们可称为儒教的异端。这些进步的思想家,都自称得到孔子的正统真传,假借孔子、孟子的衣

---

[1] 他们给"人欲"以合法的地位,主张唯物论,反对唯心论,这都不符合儒教的原则。

冠来扮演革新的角色。他们对孔子这样的教主则不敢怀疑。明代的李贽曾提出过不以孔子之是非为是非，这是他敢于突破藩篱的地方。但他竭力抨击那些口诵圣人之言，败坏封建纲常的假道学，他提倡忠孝仁义，维持封建宗法制，他是爱护这个制度的孤臣孽子。他对佛教五体投地。他是儒教异端，而不是反封建的英雄。

儒教限制了新思想的萌芽，限制了中国的生产技术、科学发明。明以后中国科技成就在世界行列中开始从先进趋于落后。造成这种落后，主要原因在于中国的资本主义没有得到发展的机会，而儒教体系的完善和它对人们探索精神的窒息，也使得科学的步伐迟滞。上层建筑对它的基础绝不是漠不关心的，它要积极维护其基础。中国封建社会特别顽固，儒教的作梗应当是原因之一。

自从五四运动开始提出"打倒孔家店"的口号，当时进步的革新派指出孔子是中国保守势力的精神支柱，必须"打倒孔家店"，中国才能得救。当时人们还不懂得历史地看待历史人物和历史事件，形而上学比较严重，认为好就全好,坏就全坏。由于他们不善于探索事物发展的规律,因而把春秋时期从事政治活动和教育文化事业的孔子和汉以后历代封建统治者抬出来作为教主的孔子混为一谈。孔子只能对他自己的行动承担他的历史功过,孔子无法对后世塑造的儒教教主的偶像负责。作为一个博学的学者、伟大的教育家、政治思想家,先秦儒家流派的创始人,孔子是打不倒的,历史事实不容抹掉,而且也是抹不掉的。孔子这个人在历史上的功过,现在学术界还没有一致的意见,这是一个学术争论的问题,不可能短期取得一致的意见。

儒教的形成曾经历了上千年的过程,孔子的学说共经历了两次大的改造。第一次改造在汉代。它是由汉武帝支持,由董仲舒推行的,这就是中国历史上所谓"罢黜百家,独尊儒术"[1]的措施。汉代大一统的中央集权封建宗法专制

---

[1] 这个看法是否成立,还有待于进一步探讨。有人不承认宋明理学是宗教,不承认董仲舒的天人感应的神学目的论是宗教,认为儒家有功,因为它抵制了宗教,事实上它本身就是一种宗教。

国家需要一套意识形态和它紧密配合的宗教、哲学体系。孔子被推到了前台，董仲舒、《白虎通》借孔子的口，宣传适合汉代统治者要求的宗教思想。第二次改造在宋代。宋统治者集团利用机会从唐末五代分散割据的混乱局面中捞到了政权。他们鉴于前朝覆亡的教训，把政治、军事、财政、用人的权力全部集中到中央，宋朝对外可以退让，对内则强化中央集权的封建宗法专制制度，思想文化领域里也要有与它相适应的意识形态相配合。汉唐与宋明都是中央集权的封建宗法专制制度的国家，但中央权力却是越来越集中，思想文化方面的统治方法也越来越周密。为了适应宋朝统治者的需要，产生了宋明理学，即儒教。儒家的第二次改造，虽说从宋代开始，追溯上去，可以溯到唐代。韩愈推重《大学》，用儒教的道统代替佛教的法统。李翱用《中庸》来对抗佛教的宗教神秘主义。到宋代朱熹则把《论语》《孟子》《大学》《中庸》定为"四书"，用一生精力为它作注解。朱熹的《四书集注》被历代封建统治者定为全国通用的教科书。"四书"从十三经中突出出来，受到特殊的重视。

朱熹制造了一个庞大的儒教体系，佛教禅宗曾把僧侣变成俗人，以求得与封建宗法制度配合；儒教则把俗人变成僧侣，进一步把宗教社会化，使宗教生活，僧侣主义渗透到每一个家庭。有人认为中国不同于欧洲，没有专横独断的宗教；我们应当看到中国有自己的独特的宗教，它的宗教势力表面上比欧洲松散，而它的宗教势力影响的深度和广度、控制群众的牢固性更甚于欧洲中世纪的教会。欧洲中世纪设有异教裁判所。中国的儒教不用火烧，不用肉刑，它"以理杀人"。被儒教残害的群众，连一点呻吟的权利也被剥夺干净，丝毫同情、怜悯也得不到。千百年来，千千万万男男女女无声无息地被儒教的"天理"判了死刑，"视人之饥寒号呼，男女哀怨，以至垂死冀生，无非人欲"[1]"杀人如草不闻声"。精神的镣铐比物质的镣铐不知道严酷多少倍。

----

[1]（清）戴震《孟子字义疏证》。

董仲舒对孔子的改造,已经使孔子的面目不同于春秋时期的孔丘。汉代中国封建社会正在上升时期,统一的封建王朝继秦朝以后,富有生命力、配合当时的政治要求而形成的儒教虽有其保守的一方面,但它有积极因素。宋朝以后,中国的封建社会已进入后期,有几次资本主义萌芽都不幸没有得到正常发展的机会。宋明封建王朝的统治者推动儒教的发展,朱熹对孔子的改造,与孔子本人的思想面貌相去更远。如果说汉代第一次对孔子的改造,其积极作用大于消极作用,那么宋代第二次对孔子的改造,其消极作用则是主要的。儒教的建立标志着儒家的消亡,这是两笔账,不能混在一起。说孔子必须打倒,这是不对的;如果说儒教应当废除,这是应该的,它已成为阻碍我国现代化的极大思想障碍。

儒教的再评价*

---

* 据《任继愈学术论著自选集》。原载《社会科学战线》1982年第2期,曾收入《儒教问题争论集》等。

1980年拙作《论儒教的形成》(载于《中国社会科学》1980年第1期),从历史的角度论述了儒家逐渐演变为儒教的过程。指出孔子的学说共经历了两次大的改造:第一次改造在汉代,产生了董仲舒的神学目的论,儒家已具有宗教雏形;第二次改造在宋代,产生了三教合一的宋明理学,也是儒教的完成。这个演变过程是伴随着封建统一大帝国的建立和巩固逐渐进行的,曾经历了千余年的时间。宋明以后,中国的封建社会制度停滞以至僵化,儒教起了积极维护的作用。现在再从另一角度来考察一下,儒教形成于中国的封建社会,是否具有世界史的共性?和佛教、基督教、伊斯兰教普遍兴盛繁荣于中世纪世界的原因有无关联？同时，儒教之所以为儒教，它独特的个性是什么？对中国的社会和文化究竟起了什么影响？这些问题都是承接着前一篇文章的意思而来的，故曰再评价。

世界三大宗教成为国际性宗教，分别在不同的国家成为统治思想，都发生在中世纪时代，中世纪的封建社会离不开宗教，也为宗教的滋生蔓延提供了良好的土壤。封建制度不同于奴隶制。奴隶制下的奴隶不具有人格，奴隶主主要靠暴力与刑罚统治奴隶，没有必要对他们进行虚伪的说教，为他们许诺一个来世的天国。虽然奴隶制也有宗教，但是这种宗教刚由原始宗教蜕化而来，比较粗糙，不像封建制下的人为宗教那样，有一套神道设教的丰富的思想体系。封建制下的农民和奴隶不同，他们有自己的小块份地，有相对的人身自由，属于个体经营的劳动者，封建的剥削方式改为租税和劳役，因此，封建统治者除了使用暴力和刑罚的手段，还需要从思想上、精神上加强对他们的统治。由于农民无力摆脱受奴役的地位，加上他们没有文化，愚昧落后，不了解人间苦难的真实原因，也很容易接受宗教所宣传的一套蒙昧主义。封建社会实行严格的等级制度，君臣上下之间的身份地位成了不可逾越的界限，为了稳定这种等级秩序，使得不同身份地位的人各安其位，也需要用宗教来为这种等级秩序涂上一层神圣的油彩。这些都是中世纪世界史的共性，中国也不能例外。世界三大宗教在中世纪普遍兴盛繁荣，不是一个偶然的现象。

中世纪的宗教不同于原始宗教。据近来我们在国内边远地区兄弟民族社会调查表明，原始宗教大致是阶级出现以前的宗教形式。当时宗教活动即生活的组成部分，如祈祷丰年，禳除疫病，消灭水旱灾害等活动，都有宗教仪式。据云南等边远地区保留的原始资料看，他们的宗教活动如驱鬼、祭祖，都是全民族参加的活动，宗教生活就是他们的社会生活，宗教活动同时又是他们的生产活动，部落之间的战争，也是在宗教仪式引导下进行的。我国古书记载的古代氏族部落的活动，多属于原始宗教的活动，其中没有什么宗教理论，而宗教实践、宗教仪式即是行动的根据。

原始宗教带有更多的自发性，人与自然、人与神的关系比较接近。原始宗教仪式与民族习俗关系密切，我国《仪礼》所载的一套冠、婚、丧、祭等仪式，带有许多原始宗教的痕迹。

进入封建社会之后，一部分原始宗教发展为成熟的人为宗教（奴隶制社会的宗教是从原始宗教到人为宗教的过渡形态）。人为宗教的普遍特点，一般说来具有理论性、系统性、与社会伦理道德密切配合等特点，而使宗教的善恶标准打上统治阶级道德的烙印。如果说原始宗教主要是对自然界的异己力量的反映，那么人为宗教则主要是反映了社会的异己力量。人为宗教为中世纪普遍存在的特权、压迫和社会不公正的现象作辩护，为蒙受不幸的人们描绘一个彼岸世界，要求他们忍受现实世界的苦难，去企求精神的解脱。同时，这种人为宗教培养了一大批与民众脱离的神职人员，按照封建制的等级结构形成了一套严密的教会组织，有自己的寺院经济。于是宗教势力就和封建社会的政治经济密切结合，成了一股强大的有组织的封建势力。

随着宗教势力的发展，必然导致宗教组织与世俗政权之间的关系不断发展。这种发展一方面表现为双方目标一致，紧密配合；另一方面也表现为互争领导权的矛盾。人为宗教也分裂为不同的教派，各教派有不同的教义、教规和传法世系。从人为宗教的社会内容和历史作用来看，它既是封建制的精神支柱，也是和世俗地主阶级并列的封建性的社会阶级力量。这些特点是中世纪的宗教共同具有的，尽管它们各有不同的个性，矛盾分歧很大，甚至发生流血的宗教战争，却都有这种一般的共性。

值得注意的是，佛教虽然诞生在印度，但是中世纪却被印度教排挤出来迁徙到其他各国流传，这是因为印度教更适合于印度社会的需要，得到统治阶级的支持。印度教在思辨哲理方面大大落后于佛教，它能够战胜佛教，靠的不是宗教教义和宗教理论，而是在中世纪的印度所起的作用。这种现象说明，宗教的传播流行和兴旺发达，是为特定的历史条件所规定的。

儒教是在中国封建社会形成的一种宗教，它既有中世纪世界的一般宗教的共性，也有自己独特的个性。这种共性和个性的统一，充分反映了中国封建社会的历史条件。中国的封建社会没有种姓制，但是有宗法制。我在《论儒教的形成》中，曾经提到中国封建社会约有五个特点，其中一个就是封建宗法制度发展得比较完备。这种封建宗法制度造成了儒家的以三纲五常为基本内容的宗法思想。当然，宗法思想本身不是宗教，比如先秦时期孔子、孟子和荀子的宗法思想就只是一种社会政治伦理思想，不带有宗教性质。但是，当它宗教化之后，变成一种神圣的教条，人们就不能怀疑，更不能反对。董仲舒说的"道之大原出于天，天不变，道亦不变"，就是借天神的权威来论证宗法思想的绝对合理性。董仲舒的神学目的论其实就是一种宗教化了的宗法思想。它战胜了当时流行的其他一些学派，成为汉代封建统一大帝国的精神支柱，如果联想到中世纪世界史的进程，这是一种历史的必然。

董仲舒的神学目的论给封建的国家政权罩上神的灵光，天（上帝）成了最高权威，政府的行政命令都假借天意来推行，皇帝"奉天承运"，代天立言，诏书名曰"圣旨"，即具有神学的意义。为了给予宗教神学以理论的解释，儒家的经书便被捧上神圣的地位。其中所包含的上古宗教神秘内容，被用来引申发挥以解释"天命""圣意"。在西方中世纪，神学顽固地反对科学，不允许有违背圣经的言论，对敢于以科学对抗宗教者处以死刑。在中国，情况也差不多，敢于发表违背儒家经典的言论，便被指为非圣无法。一些进步思想家、革新派，为了逃避迫害，当他们提出一些新的改革主张，也是力求从圣人的经书中找论据，标榜自己的主张符合圣训。这些和西方中世纪神学统治时期是相同的。

在整个封建社会，统治者都要求把"三纲五常"奉为天经地义，因为这种宗法思想最适合于维护封建宗法制度，稳定封建秩序。因此，把宗法思想宗教化，可以说是统治者的一种内在的要求。至于采取什么形式来宗教化，用什么理论来论证，这是为各个不同时期的科学技术和思维发展的水平所决定的。董仲舒的神学只是儒教的雏形，宋明理学才是儒教的完成。在这一千余年的历史过程中，不管论证的形式和手段有什么改变，但是万变不离其宗，总的目的都是为了把"三纲五常"变为神圣的教条。

汉末到三国，中国出现了道教。在此以前，佛教已传入中国，只是影响不大。魏晋之后，佛教迅速发展，社会上儒、释、道三教并行。佛教与道教都用出世的教条教化群众。道教是中国土生土长的宗教，它以炼形、养神、养气作为宗教修炼方法，宣传使人长生不死，修炼成仙。佛教则教人厌弃现实世界，厌弃躯体，追求一种超脱尘世的绝对安静的精神境界。佛教和道教都是用出世的办法为信教者寻求个人解脱的途径，他们的主张具有摒弃暴力、反对造反、逃避现实斗争的特点，这是投合封建统治者的口味的，因而得到统治者的支持。但这两种宗教的教义号召出家，弃绝人伦，这就不能不和维护封建宗法制度形成一定程度的矛盾。佛教和道教都力图缓和这种矛盾，部分修改自己的教义，以迎合统治者的意志，适应封建宗法制度的要求。比如北魏时期高僧法果吹捧拓跋珪是"明睿好道，即是当今如来，沙门宜应尽礼"。还说："能鸿道者人主也，我非拜天子，乃是礼佛耳"（见《魏书·释老志》）。释僧导对宋孝武帝说："护法弘道，莫先帝王，陛下若能运四等心，矜危劝善，则此沙土瓦砾，便为自在天宫"（见《高僧传》卷八）。道教的经典《太平经》也认为封建皇帝是天帝在人世的代表，"帝王，天之子也；皇后，地之子也"。因此，辅助帝王也就是顺从天帝，忠于君，孝于父母，也就是按"天心""地意"行动，虽然如此，这两种宗教出世的基本教义却不能改变，否则就不称其为佛教和道教了。佛道二教的发展，特别是佛教的发展，引起了寺院经济的恶性膨胀。它使直接纳税的人口减少，影响了统治阶级的利益，加剧了世俗地主阶级和僧侣地主阶级的矛盾。我国历史上几次大的排佛运动，就是佛教势力的发展与封建国家利益相冲突的最激烈的表现。

隋唐时期，封建统治者虽对儒、释、道三教都加以支持，而贯彻封建宗法制度最有力、最方便的仍为儒教。政府仍以五经为经典，以"三纲五常"为指导思想，以此教育人民和培养知识分子、士大夫，佛、道二教则起辅助配合作用。

儒教在中国适应了中国的社会历史条件和统治者的需要，发挥了维护封建宗法制度的作用，同时也适应了思想斗争的形势、吸收了其他宗教和学派的某些有用的内容。董仲舒的神学目的论，宣扬天人感应，神能赏善罚恶，上天直接干预人事，对君主的过失进行谴告。这种神学比较粗糙，经过唯物主义哲学家王充的元气自然论所做的理论批判之后，在理论上已很难成立。宋明儒教扬弃了这种粗糙的神学形式，不宣扬有意志的人格神，吸收了佛教的宗教理论，用作为世界本身的"理"或"天理"来论证"三纲五常"的合理性。人为宗教实质上是人们社会关系的异化。是否信仰有意志的人格神，是否举行祈祷献祭，并不是判别宗教和非宗教的标准。佛教的禅宗，禅堂中不立佛像，也没有宗教仪式，它确是一种不折不扣的宗教。章太炎称佛教为无神论的宗教，这种说法可以商榷，但也概括了佛教特别是中国的佛教的某些特征。宋明儒教的"天理"，就是"三纲五常"的异化，它把只存在于封建社会中的人与人的关系和价值标准异化为绝对永恒的神圣秩序，压制人们的理性，使人们温驯、顺从，宋明儒教和董仲舒的神学虽然在理论形态上有精粗之分，从目的和作用方面来看，并无不同。由于二程、朱熹把天、天命、上帝这些神学概念都解释为"理"，当作哲学概念来宣传，看起来好像脱掉了神学的外貌，实际上却是一种具有深刻意义的神学。

儒教不重视个人的生死问题，却十分重视家族的延续。所谓"不孝有三，无后为大"，就是把断子绝孙，不能传宗接代看作极端可怕的事。在封建宗法制度中，个人依附于家族，以断绝"宗祖血食"为大罪，个人生存的目的和意义，就是承继祖宗的余绪，维系家族的延续。在儒教所崇拜的"天、地、君、亲、师"中，"亲"虽居第四位，但从上古氏族社会沿袭下来的祖宗崇拜，却是一种古老的宗教形式。所以儒教尽管不像佛教那样多的谈论个人的生死，但是"奉天法祖"的观念本身就是一种宗教观念。

儒教不主张出家，而注重现实的人伦日用之常，带有很强的世俗性。宗教的世俗化是宗教发展的一般趋势。马丁·路德的宗教改革就是把僧侣变成了俗人，但又把俗人变成了僧侣。中国的禅宗也是如此，它把西方极乐世界转化为人们所体验的一种精神境界。《坛经》说："东方人造罪，念佛求生西方；西方人造罪，念佛求生何国？"所谓彼岸世界并不在这个现实世界之外，而就在人们的心中。"运水搬柴，无非妙道"，解脱的道路就体现于日常的生活之中。宗教的世俗化是宗教适应现实生活的一种表现，是否具有这种适应性，是判定宗教生命力强弱的主要标准。儒教和其他的宗教不同，它不是先虚构出一个彼岸世界，然后逐渐挪到现实世界中来，而是把现实世界中的"三纲五常"进行宗教的加工，使之转化成为一个彼岸世界。宋明儒教反复讨论所谓"下学上达""极高明而道中庸"和禅宗从"运水搬柴"中去体验妙道一样，这是主张从下学人事去上达天理，在人伦日用之常中去追求所谓高明的精神境界。这种精神境界实质上就是一种彼岸世界。我曾讲到，董仲舒的神学，宗教的某些特征尚有待于完善，理由之一就是在他的神学体系中，彼岸世界的思想不够成熟。宋明儒教吸收了佛教的思想，按照维护宗法制度的要求进行改造，把天理说成是人们应该毕生追求的目标，是唯一的精神出路，并且设计出了一套完备的主敬、静坐、"存天理，灭人欲"的修养方法，儒教的宗教体系也就发展成熟了。

宋明儒教，是儒、释、道三教合一的产物。它以儒家的封建伦理纲常名教为中心，吸取了佛教、道教的一些宗教修行方法，加上烦琐的思辨形式的论证，形成了一个体系严密、规模宏大的宗教神学结构。它既是宗教又是哲学，既是政治准则又是道德规范。这四者的结合，完整地构成了中国中世纪经院神学的基本因素。

社会是一个有机体，当它的各部分机构发展得比较完备时，它自身会产生一种自我调节的作用，使不利于这个有机体生存的因素受到遏制，使有利于生存的因素得到加强。儒教作为中国封建社会上层建筑的一个有机组成部分，对于巩固封建社会的结构起了相当大的作用。它和中国中世纪后期的整个历史进程密切结合，一方面加强了中央集权的封建大一统的政治格局，另一方面也压制了资本主义因素的萌芽，延缓了封建社会向资本主义社会的转变。

儒教把维护封建宗法制度的"三纲五常"纳入神学体系，将君、师的地位奉为至高无上，皇帝要礼拜孔子，而儒教中人都要拜皇帝，皇帝代表上帝（天）发号施令，这样以神权强化王权，客观上避免了欧洲中世纪教权与王权长期争夺的局面。在欧洲，由于教权与王权的分立，僧侣和世俗两大贵族阶级的争夺，无法形成统一的封建统治，使欧洲处于长期封建割据状态，列国林立，互争雄大，一直影响到近代。中国的儒教则积极地配合王权，用思想上的统一来加强政治上的统一。

儒教取得统治地位之后，得到历代中央政府的支持，"四书""五经"作为封建教育的教材，用以宣传"三纲五常"思想，强化封建宗法制度，并通过科举制度，依据对儒教经典的领会程度选拔符合要求的知识分子做官。儒教成为统治思想，它的信仰精神深入人心，那种不利于中央集权的封建割据，以及所谓异姓"篡位"的政变发动，都被视为大逆不道，受到社会的谴责，而曹操、司马懿一流人物竟至为后期封建社会所不容。

中国是一个多民族的国家，我国北方许多少数民族，原先处在氏族部落社会，进而发展到奴隶制社会。由于接触了中原地区的儒教文化和儒教思想，促使他们很快地跨进封建社会，如辽、西夏、金、元、清这些朝代，都得力于儒教的文化思想，在社会发展中缩短了封建化的过程。在这些民族中宣传儒教的一些重要人物，如许衡、耶律楚材等，对于促进各兄弟民族思想文化的融合，是起了积极作用的。

中国的封建制发展得十分完备、典型，在当时世界经济文化之林名列前茅。儒教代表了中国封建社会发达的文化，是一个包罗万象的体系，它不仅综合了自先秦以来的儒家思想，也广泛吸收了佛教、道教和其他一些学术流派的精神成果。它尊天命而又重人事，讲求治国平天下的道理以及处世为人的准则，教导人们如何自觉地克制情欲和物质生活要求，即宋儒所说的用"天理之正"去克服"人欲之私"。同当时欧洲的基督教神学相比，这种儒教的世俗性较强。随着中外文化的交流，儒教也传播到邻国如朝鲜、日本、越南、俄国，直至西欧。这些国家通过儒教接触到并了解了中华民族的精神文化，同时儒教思想也在他们本国的具体历史条件下，发生了不同程度的影响。

儒教是在宋代正式形成的，这时中国的封建社会开始走下坡路，因而儒教的主导作用就是为处于停滞僵化状态的封建社会注射强心剂，禁锢人们的思想。中国封建社会的文化，以唐宋划界，可以明显地区分为两个不同的时期。汉唐时期，文化是开放的，外向的；宋明以后，则是封闭的，内向的。汉唐时期，中国封建社会处于上升阶段，文化生活丰富多彩，而且善于吸收外来的艺术，人民能歌善舞，体力充沛，健美开朗。这可以从敦煌壁画和唐代贵族陵墓发掘的绘画人俑艺术中看得出来。但是自从儒教占了绝对统治地位以后，文化教育着重于"惩忿窒欲"，加强人们道德上的"主敬""慎独"的功夫，将古代具有认识客观世界意义的"格物致知"完全变成"诚意""正心"向内修养的手段。有的学者虽也认为"格物"有认识外物的意思，但也只是为了达到一种神秘境界，即所谓"豁然贯通"的程序。这就严重阻碍了认识自然、改造自然的科学思维的发展。本来，哲学的职能在于推动人们思维能力的发展，开拓人们对自然和社会的视野。但是儒教却和中世纪一切宗教一样，注重自我的宗教训练，加强内心的忏悔和涵养，把反观内省的修养功夫作为人类追求的最高境界。结果将人们引向"晬面盎背"的僧侣苦行主义，将俗人僧侣化，人们的言谈举止都必须符合宗教规范。这样长期训练的结果，使知识分子变得迂腐顽固，在思想界便不复有生机蓬勃的闳阔气象了。

儒教中无论是程朱派或陆王派，都吸收了佛教的禅定方法，他们提倡的"主敬""慎独"，均无异于坐禅。像朱熹即教人半日静坐，半日读书。清代反程朱理学的学者颜元曾讥讽说："半日静坐是半日达摩也，半日读书是半日汉儒也。试问十二个时辰，那一刻是尧舜周孔乎。"(《朱子语类评》）他还指出儒教熏陶下培养出来的读书人，终日静坐、读书、不劳动、无所事事，以致"天下无不弱之书生，无不病之书生，生民之祸未有甚于此者也"（同上）。颜元向往"尧舜周孔"之道，不过是他的空想，但他批评宋儒的弊端则是事实。这种弊端和毒害亦非颜元首次发现，朱熹在世时，就遭到过当时关心社会的进步人士的反对，像陈亮和叶适等人即曾提出批评。陈亮说："自道德性命之说一兴，而寻常烂熟无所能解之人自托于其间，以端悫静深为体，以徐行缓语为用，务为不可穷测以盖其所无，一艺一能皆以为不足自通于圣人之道也，于是天下之士丧其所有，而不知适从矣。为士者耻言文章行义而曰'尽心知性'，居官者耻言政事书判而曰'学道爱人'，相蒙相欺以尽废天下之实，则亦终于百事不理而已。"（《陈亮集·送吴允成运干序》）叶适也说："为文不能关教事，虽工无益也……立志不存于忧世，虽仁无益也。"（《叶适集·赠薛子长》）

当中国的封建社会走下坡路时，儒教所起的作用总的说来是保守的以至消极的。在这一时期曾出现不少奋发有为的改革家，他们的改革大多遭到失败。尽管可以举出许多事实说明改革家的行动失误，客观形势的扞格等等，然而主要的阻力仍是儒教造成的顽固守旧的社会势力。特别到了明清以后，儒教更加成为社会前进的绊脚石，使我国封建社会内部孕育着的资本主义因素在胚胎之中便遭到扼杀。我国近代许多民主改革的先驱，为了冲破儒教的网罗，进行了可歌可泣的英勇斗争，有些人则被责为儒教罪人而牺牲。

儒教经常以反宗教的姿态出现，并且猛烈抨击佛教和道教，致使有些史学家误认为中国没有经历欧洲中世纪那样黑暗的神学统治时期，其原因就是得力于儒教。这种误解一是只看到了西方中世纪宗教形式与中国儒教的区别，而忽视了儒教的宗教实质；一是只看到儒教具有丰富的哲学思辨内容，而忽视了它的宗教思想核心。儒教讲的第一义谛是"天理"，它不在于启迪人的心智，而是用神秘直观的宗教实践去体察、涵养，要求人们摒除欲望，存养天理，以期完成作圣之功。在儒教的长期熏陶下，社会上形成麻木不仁的状态，即如鲁迅所痛切抨击的"国民性"。这种"国民性"当然不是中华民族的固有精神，而是儒教桎梏所造成的畸形、变态。一个人长期囚禁在幽室，必然苍白失色；一株树生在大石缝中，其根枝必然盘结扭曲。儒教压制了追求个性解放的人本主义思想的抬头，禁锢人们的思想，束缚人们的心灵。鲁迅面对旧中国灾难深重的中华民族，曾"哀其不幸""怒其不争"（《摩罗诗力说》），他对儒教长期流毒的认识是十分深刻的。

儒教所起的主导作用对今天的新中国的前进也是一种严重的思想阻力，甚至也是社会阻力。因为宗教既是一种意识形态，又是一种社会力量。长期的宗教影响极易造成一种共同的习惯势力，共同的心理状态。儒教的影响对于今天的中国虽然只是残余，但不可忽视。

当然，儒教作为在中国的社会历史条件下产生的一种复杂的历史现象，它对中国的社会和文化的影响也是多方面的，这些都应该联系到具体的历史进程做细致深入的研究。同时，它的产生既是一种历史的必然，便有其存在的合理性，因而对它的历史作用也就应该做出全面的估计。比如从中国哲学史上来看，儒教哲学就是中国哲学思维发展的一个不可缺少的环节。它继承了魏晋玄学的成果，经过儒、释、道三教哲学思想的融合，把唯心主义本体论推进到一个新阶段，丰富了哲学史的内容。有了程朱和陆王的儒教哲学，才有可能诱发出王夫之、戴震的唯物主义元气本体论来。我只不过是指出宋明儒教不同于先秦的儒家，实质上是一种宗教，带有中世纪的经院神学的特征。如同欧洲中世纪的托马斯的学说一样，既是一种神学，也是一种哲学。但是只有首先注意到它是一种神学，然后才能把它和近代哲学准确地区别开来，在分析评价它的哲学思想内容时才容易掌握分寸。

朱熹与宗教[*]

---

[*] 据《任继愈学术论著自选集》。原载《中国社会科学》1982年第5期,曾收入《儒教问题争论集》《皓首学术随笔》等。

朱熹（1130—1200）是中国哲学发展史上一个重要的里程碑，是继孔子、董仲舒之后，完成儒教体系的最重要的人物。研究朱熹的思想，既是一个学术问题，也与当前中国人的现实生活有关。在中国学术界一般的看法，认为朱熹的思想体系属于哲学，本文认为朱熹的思想体系属于宗教，他的哲学思想是为他的宗教体系服务的。

一　中国特殊的社会历史条件决定中国宗教的特殊表现形式

宗教、哲学不同于自然科学，它具有鲜明的民族特点。中华民族的文化与其他民族的文化相比，有其共同性[1]，又有其特殊性。中国的社会与西方比较，有以下几个特点：

中国封建社会维持的时间长久而稳定；封建宗法制度发展得比较完备；封建的中央专制集权；农民起义次数多、规模大；资本主义没有得到发展。

中国有文字记载的历史近四千年，其中有两千多年是在封建社会中度过的。中国古代思想引起全世界注意的部

---

[1] 社会发展史表明，人类社会一般必须经历五种社会发展阶段：即原始社会，奴隶制社会，封建制社会，资本主义社会，共产主义社会。也有不同意这五种生产方式的，但社会发展由低级向高级，由不发达向发达的方向发展，则是多数历史学家所承认的。

分，也以它的封建文化最为显著。如果想把中国封建文化研究得比较清楚，要调动政治、经济、文化等各方面的学者共同努力才行。本文只是从哲学与宗教一个侧面来接触这个问题。

上面说过，宗法制度是中国封建社会历史的特点之一。宗法制度产生于氏族公社后期。一般在生产落后、劳动不发达、产品数量极为匮乏的条件下，社会制度更大程度上受血族关系的支配。世界上许多民族随着社会经济生产的发展，冲破了血族关系的束缚，建立了以地区划分的国家组织。在中国却不是这样。国家组织形成后，氏族社会遗留下来的血族关系的旧形式不但没有被摒弃，反而作为一种有效的社会组织形式，对国家、社会的活动继续起着调节作用，甚至是支配作用，成为调整社会关系的杠杆。由于阶级矛盾、贫富悬殊造成的冲突，通过宗族关系而得到缓和，宗法制度在阶级社会里，仍然以自然的血缘纽带把社会成员牢固地联系在一起，共同的风俗习惯、心理状态、行为规范，在社会上仍然具有普遍意义。儒家在维护宗法制度方面，不断地利用旧形式，填充新内容。

问题还得从西周说起。

周民族战胜了殷民族，取得了全国统治地位，少数统治者征服多数被征服者，他们有效地利用了血缘关系的宗法制度，按血缘关系，分封了本族及其亲属贵族，把他们分驻在齐、鲁、燕、晋等东方重要地区，建立了国家。这个制度延续了七八百年，秦统一后，分封制才解体。分封制度停止了，但血缘关系的宗法制度却在新的形势下得以保持。秦汉统一后，把氏族社会遗留下来的原始宗教仪式，给予系统的解释，讲出一番道理，这就是汉初的《礼记》。原始宗教没有专职的宗教职业者，氏族的首领就是祭祀的主持者。族内祈祷丰年、禳除疾病、消灭自然灾害等活动，全族成员都要参加。生产活动、社会活动同时也是宗教活动。内部的祭祀、对外的部落之间的战争也是在宗教仪式引导下进行的。古代记载过许多礼仪，是当时社会民俗的记录。如冠、婚、丧、祭、军、宾、燕、飨的活动，都可以在原始宗教中找到它的来历[1]。西周的文化，经过长期传播，逐渐形成了超出周民族范围的华夏文化。周王室东迁后，王室失去领导地位，鲁国由于周公的原因，保存了完整的礼乐文物、典章制度[2]。儒家创始人孔子、孟子出于邹鲁，绝非偶然。孔子与六经的整理，并以六经作为教材，传授门徒，则是学者们公认的事实。六经中，礼乐部分即包括了原始宗教的记录和解释。六经中体现了宗法制为核心的天人观、社会观、宗教观等芜杂的内容。儒家经典中的"敬天法祖""尊尊亲亲""敬德保民"的教训，都带着原始宗教的遗迹，后来儒家对所传的六经不断给以新解释，注入新内容，使它成为生活的准则。儒家经典始终具有浓重的宗教传统。

秦汉统一，奠定了中国两千多年大一统的政治格局。

---

[1] 今天的少数民族地区的调查可以与古代礼书记载相印证。
[2]《左传》昭公二年，晋国韩宣子到鲁国访问，看到鲁国保存的丰富文物典籍，惊叹道："周礼尽在鲁矣。"

中国人长期以来，认为统一是正常的，分裂是不正常的。但是封建社会的经济是自然经济，农民的生产品除上交国家外，都为了自己一家一户的消费。经济上是自给自足的封闭的体系，是分散经营的个体。经济上的分散，要维持统一的局面，没有统一的思想工具是不可能的。秦汉统一后，探索思想统一的经验，历时七十年，终于定儒家于一尊，董仲舒的神学目的论取得了支配的地位。东汉《白虎通》把经学神学化、系统化。过去学者讲两汉经学多注意其师承家法传授，而不大注意其神学意义，是不全面的。

魏晋南北朝时期，统一的国家长期分裂，儒教的势力有所削弱，但封建宗法制并没有削弱，门阀士族势力强大，严孝悌之教，重宗谱之学。当时民族矛盾，战争频繁，给宗教的发展提供了土壤，佛道二教得以盛行。隋唐统一，儒、释、道并称三教。国家大典，召三教代表人物讲论于宫廷殿上。儒家被公认为宗教，自此时始。

二　中国哲学与中国的宗教

从人类认识史的角度来考察中国儒、释、道三教的鼎立与融合的过程，也可看出人类认识不断前进、不断深化的过程。

中华民族的认识史即中国哲学发展史。先秦时期，人们关心的是天道问题，讨论关于世界构成问题。这相当于人类认识的幼年时期，董仲舒的神学目的论也未超出这一认识阶段的水平。处于宇宙论（Cosmology）的阶段，还没有达到本体论（Ontology）的阶段。经历了几次社会大动乱、政治上的大变革，人们对天道观的兴趣逐渐被更复杂的社会矛盾所吸引，兴趣由对世界是什么构成，进而追问社会现象中人们自身的问题、人的本性是怎么构成的。人性论在春秋战国时期已被提出，那仅仅是开始，从孔子的"性相近也，习相远也"到孟子的性善说、荀子的性恶说、董仲舒的"性三品"说、扬雄的"善恶混"说，虽说在认识上不断前进，但在理论上还不深入。像人性善恶的根源，人性与社会关系，人性与生理机能、个人的行为与人性有什么关系，人性有没有变化，规律是什么等问题，都还来不及探索。

佛教传入中国后，大量经典译为汉文，人们看到了其所描绘的世界比中国六经所涉及的要广大得多。佛书中对人的感情、意志、心理活动描述，也比中国古圣贤相传的人性论丰富、细致、复杂得多。三世因果之说，更是中土人士前所未闻，听到后，莫不爽然若失[1]。人类知识也在不断发展。日趋复杂的生活现实强迫人们回答一些带根本性的问题：社会为什么有灾难，人们为什么有富贵贫贱，世界是什么样子，应当以什么生活态度对待这个世界，人活着为什么等等。任何一门具体的科学都不能回答这些问题，只有哲学和宗教有兴趣来回答。回答得正确与否，是另一回事，但古今中外哲学家和宗教家都自认为有了正确的答

---

[1] 此说见（晋）袁宏《后汉纪》。

案，只是两者所走的道路不同：哲学采取思辨的方法，宗教走的是信仰的道路；哲学从理性方面做出解释，宗教从感情方面给以满足。就理论上讲，哲学与宗教各有自己的领域，但这种清楚的领域划分，只有当人们从中世纪的长期冬眠中觉醒以后才能认识到，才能获得哲学的完全的意义。中世纪的哲学还没有从宗教中独立出来，只是宗教的附庸。人类认识水平是科学水平的反映。科学水平低下（与近代相比），哲学无力给以合理的解释，不得不借助于宗教。哲学与宗教的界限今天也还有人没有完全划清，何况在古代？

"五四"以后的中国哲学家们，接触近代欧洲文化和哲学。他们敏锐地感到中西哲学的性格是那样不同！我的老师熊十力先生一再强调，欧洲哲学只能给人以思辨的知识、逻辑的方法，却不能教人从躬行履践中获得安身立命的精神受用。真正了解中国传统文化的学者们都感到这种差别。差别是客观存在的。现在要指出的是，西方人并不是不要安身立命的地方，每一个有文化的民族，如果没有一个安身立命的精神寄托处,将是不可想象的。西方人把安身立命的境界寄托于宗教,把认识世界的任务交给了哲学。西方经历了产业革命,科学和生产力得到现代化,使哲学、科学有条件从宗教中分离出来,中国没有经历像西方那样的产业革命,长期停留在封建社会,哲学没有条件从宗教中分离出来,宗教仍然统治着哲学,两者划不清界限,这就造成了中国封建时代的哲学与宗教浑然一体的状况。西方中世纪的哲学也是大讲安身立命的,他们也要囊括宇宙,以统贯天人成圣成贤为目标。正如西方中世纪安瑟伦(Anselmus,约1033—1109)所主张的那样,把信仰看作理解的基础,理解则可为信仰提供论据。其时,相当于中国宋仁宗到徽宗时期,约与周敦颐、二程、张载、邵雍同时。西方的托马斯·阿奎那(Thomas Aquinas,约1225—1274)所处年代相当于南宋理宗到度宗时期,约后于朱熹。西方的经院哲学也讲他们的"天理人欲"之辨、"身心性命"之学,真是东圣西圣若合符节。也有人喜欢把程朱陆王与近代康德、黑格尔相比,"五四"以来,相沿成风。但不同的社会发展阶段(封建社会与资本主义社会)拿来相比,是不慎重的,不能从中得出什么可信的结果。也有人认为中国理学与印度佛教哲学相近,二者都是东方人的思想。实际上,中印古代思想相近,是由于中国和印度的古代社会发展阶段相仿,印度和中国都没有正式进入近代资本主义社会就沦为殖民地和半殖民地。中印古代文化相近、相似,只是由于这两大民族的文化都带有"古代"特征。

这样讲,是不是抹杀了中国民族文化的特点,完全以社会发展阶段来区别文化的差异呢?完全不是。中国古代文化除了带有中世纪的普遍特征外,还有它自己的特征,即封建的宗法制度。中国的儒教是为封建宗法制度服务的,是封建宗法制的产物,正像印度古代哲学为印度的种姓服务成为它的特点一样。正是由于中国封建宗法制度的强大、顽固、历史长久,因此它对中国的传统文化有着极为重大的影响,其威力之深远,远非西方人所能想象。中国本土的思想固然要受它的支配,就连来自外国的佛教,不向封建宗法制让步,也难以通行。从东晋到唐初,这二百余年间,发生过"沙门不敬王者""沙门不应拜俗"的争辩,均以沙门失败而告终。僧众要求治外法权,也遭到失败。佛经原著与中国宗法伦理制冲突,则删略不译或改译,或增字以迎合封建宗法制度的需要[1]。对佛教徒来说,"圣言量"是最高准则,倘故意违犯,将堕地狱,受恶报。中国佛教徒宁肯冒堕地狱、受恶报的后果,也不敢触犯封建伦理、"三纲五常"的尊严。

中国的宗教与哲学不得不为封建宗法、纲常名教服务,这种事例到处可见。如佛的禅林清规,重修《百丈清规》首先祝君王,然后才祝佛祖,这都表明中国的宗教世俗化程度之深。不止表现在仪式上,宗教理论上也是与当时的封建宗法制度配合的。宗教的核心是宣扬出世,从生活习惯到世界观都要与现实社会的俗人有所区别。但是中国影

---

[1] 陈寅恪:《寒柳堂集·莲花色尼出家因缘跋》;日本中村元:《儒教思想对佛典汉译带来的影响》,中国社会科学院《世界宗教研究》1982年第2期。

响最大的佛教宗派禅宗就主张西方极乐世界不在彼岸而在此岸；不在现实世界之外，而在现实世界之中。所谓解脱不是到另外地方，过另一种生活才能解脱，解脱即世界观的转换功夫。所谓出家、解脱，并不意味着离开这个世界去寻找另一个西天。只要接受了佛教的世界观，日常生活中的尘世就是西天[1]。宗教世俗化是中唐以后佛、道二教共同趋势，到了唐末五代，民生凋敝，战乱频繁，寺院经济遭到破坏，只剩下禅宗这个宗派不但没有衰落，反而遍地蔓延。道教的全真教也是走的世俗化的道路。从唐代的三教分立，到唐末五代的三教合一，已经水到渠成。理学的出现，即儒教的完成。理学排斥二氏（释道两教），并取得成功，完成了前人排佛老数百年未竟之业，但这只是一种假象。实际上并没有排尽掉二氏，而是吸收了二氏的一些重要内容，挂起儒教的招牌。宗教不同于政治势力，可以

---

[1] "菩提只向心觅，何劳向外求玄？听说依此修行，西方只在眼前。"（《坛经》）

用什么力量去打倒，宗教是意识形态，特别在中世纪有强大的生命力，从历史上抹掉它，是不可能的。中国历史上的几次大的"毁法"[1]运动，都未成功，毁法之后，信佛群众反而更加炽烈，即是明证。

理学产生于中国封建社会后期。《宋元学案》的学者以孙复、石介、胡瑗为理学创始人，这一说法没有被正统的理学家所承认。理学家自己认为周敦颐、二程才是理学的创始人，后一学说占了上风。北宋五子[2]所处的时代，正是王安石变法几经反复的时代，这是北宋的一件大事，直到北宋灭亡，这一政治斗争才算终止。变法失败并不能只归咎于人谋不臧，它是封建社会后期不可避免的困境。变法没有出路，不变法也没有出路。与此相适应，则是哲学上的北宋理学的建立。哲学也遇到了危机，不改变就没有出

---

[1] 北魏太武帝、北周武帝、唐武宗、后周世宗都曾用行政手段灭佛。史称"三武一宗"。

[2] 北宋五子：周敦颐（1016—1073）、程颢（1032—1085）、程颐（1033—1107）、张载（1020—1077）、邵雍（1011—1077）。

路，危机来自佛教和道教的威胁。不论孙复、石介、胡瑗，还是周、程、张、邵，他们个人的思想体系不尽相同，都以批判二氏相号召。也可以说，这是儒家哲学面临的思想危机，和变法的形势一样迫切，非解决不可。它们努力获得了结果，建立了儒教，到南宋朱熹，正式完成了这一历史使命。

三 朱熹理论体系剖析

朱熹继承周敦颐《太极图说》的"无极而太极"的思想并有所发挥，建立"理一分殊"的学说，论证事物的多样性与统一性的关系，比较完整地阐发他的唯心主义本体论。他继承程氏"性即理"的命题，突出了"理"的客观性及普遍性，并吸收了张载的太虚即气的学说，改造了张载的哲学体系使"气"从属于"理"，理为气的主宰。这就使朱熹把宇宙论的框架建造得比过去任何一个哲学家都完整。在人性论方面，朱熹吸取了前人关于人性的成果而又有新的发挥。他说:"人之有生,性与气合而已。即其已合而析言之,则性主于理而无形,气主于形而有质。"[1]这是说天命之性通过气质之性才形成具体的人。区分天命之性和气质之性,是要在理论上解决中国哲学史上长期存在的性善性恶的争论。朱熹认为孟子主张性善,是指天命之性,但孟子不知道人还有气质之性,因而不能很好地解释人性既善,恶从何来的问题,所以说他对人性的解释不够完备。荀子主张人性恶,扬雄主张善恶混,韩愈主张性三品,都是指气质之性而言,他们不懂得极本穷源的天命之性是善的,所以他们对人性的解释也不透彻。朱熹认为只有严格区分天命之性和气质之性,才能做出圆满的解释。所以他对张载、二程的人性论给以极高的评价:"故张程之论立,则诸子之说泯矣。"[2]讲天命之性是人的本性,即可以为性善说找出本体论的依据。照朱熹的体系,万事万物都是太极

---

[1]《文集·答蔡季通》。
[2]《文集·答蔡季通》。

的体现,太极体现在人,叫作性。太极是最完美无缺的本体,一切事物都分享了太极的光辉。太极完善无缺,它体现到人性,也应当是完美无缺的。既然本性是善的,即使气质上有缺陷,经过努力是可以把差距缩小的。

朱熹的人性论的重点在于论证封建道德规范(如仁、义、忠、孝等)是天命之性,人人都有这些道德品质,只是由于气质的偏蔽,使得有些人没有很好地把这个天命之性(道德)充分实现出来。经过朱熹的论证,孟子的性善说得到了本体论的证明,才确立起来,它给人以努力的方向,又给目前还不尽符合封建道德标准的人以信心。所以朱熹说划分天命之性与气质之性"有功于圣门"。朱熹还认为天命之性的内容包含着"仁、义、礼、智"。仁、义、礼、智不只是人的本性,甚至也是宇宙的本性(天地之德)。"在天曰元亨利贞,在人曰仁、义、礼、智。"[1]既从理论上论证人人接受封建道德的必要性(吸收荀子性恶说对

---

[1]《文集·仁说》。

人民改造的思想），又从理论上指出改造成为圣贤的可能性（发挥孟子性善说的思想）。

在心、性、情的关系方面，朱熹也有新的发展，他说"性者心之理，情者性之动，心者性情之主"[1]。用比喻来说，"心如水，性犹水之静，情则水之流"[2]。性中有仁、义、礼、智，发为情，则为恻隐、羞恶、是非、辞让。"仁、义、礼、智根于心"，是从性上见得心。恻隐之心，仁之端也，这是从情上见得心。性只是理，故无不善；发而为情，则有善有不善。本体的心是"道心"，为情所累的心，是"人心"。与"道心""人心"相适应的是"天理"与"人欲"。朱熹说"只是一人之心，合道理底是天理，徇情欲底是人欲"[3]。朱熹比二程不同处，二程认为道心即天理，人心即人欲。朱熹认为道心即天理，人心不尽同于人欲，人心有为

---

[1]《朱子语类》卷五。
[2]《朱子语类》卷五。
[3]《朱子语类》卷七八。

善为恶两种可能,人欲则一定是恶的。战胜人欲恢复了天理,便是"仁"。

人的最终目的,是求仁。"克己复礼为仁,言能克去己私,复乎天理,则此心之体无不在,而心之用无不行也"[1]。"仁"为"心之德,爱之理"[2]。又说,"盖仁之为道,乃天地生物之心,即物而在……诚能体而存之,则众善之源,百行之本,莫不在是,此孔门之教,所以必使学者汲汲于求仁也"[3]。

以上是说朱熹把人的普遍原则贯彻到天(自然)的普遍原则,同时,朱熹又把自然的普遍原则推广到人的普遍原则。朱熹在《大学章句·补格物传》说:

> 所谓致知在格物者,言欲致吾之知,在即物

---

[1] 《文集·仁说》。
[2] 《文集·仁说》。
[3] 《文集·仁说》。

穷其理也。盖人心之灵莫不有知，而天下之物莫不有理。惟于理有未穷，故其知有不尽也。是以大学始教，必使学者即凡天下之物而益穷之，以求至乎其极。至于用力之久，而一旦豁然贯通焉，则众物之表里精粗无不到，而吾心之全体大用无不明矣。

格物就是"即物而穷其理"，教人们从认识具体事物入手。穷理的对象既包括穷究一草一木的理，也包括哲学上最根本的原理。朱熹虽说穷究天下万物之理，但着力于教人穷究封建道德原则，"且穷实理，含有切己功夫。若只说穷天下万物之理，不务切己，即是《遗书》所谓游骑无所归矣"[1]。可见他的格物说虽然包含求知于外物的因素，但重点不在于认识自然界，并发现其规律，而是一种封建道德修养方法。他要的不是一件一件的事物的理，而是要达

---

[1]《朱子语类》卷一八。

到"众物之表里精粗无不到,吾心之全体大用无不明"的境界。这种思想境界是一种顿悟的境界,是全知全能的精神境界。"知至,谓天下事物之理,知无不到之谓……要须四至八到,无所不知,乃谓至耳。因指灯曰:亦如灯烛在此,而光照一室之内,未尝有一些不到也。""格物是零细说,致知是全体说"[1]。又说"心包万理,万理具于一心。不能存得心,不能穷得理;不能穷得理,不能尽得心"[2]。

从自然界到人,朱熹把它打通了。天人共理,天人一贯,天人相通。他比秦汉的天人合一的神学目的论前进了。董仲舒讲天人合一,讲天有意志,有喜怒,能赏罚,人若违天,必遭谴责。朱熹沿着这条路线前进,却在道理上讲得更加圆通。朱熹的"天""理"不是那么露骨的人格化,而更多的地方表现为理性化、人性化、合理化。朱熹说:

---

[1]《朱子语类》卷一五。
[2]《朱子语类》卷九。

> 太极只是个极好至善底道理。人人有一太极,物物有一太极。周子所谓太极,是天地人物万善至好底表德。[1]

自然界的事物,按其存在而言,只有"如何",而不存在善恶的价值。人们不说山河大地如何善,如何有德性。天地人物"万善至好",这个天地人物已被赋予道德属性。所以朱熹又说:

> 天地以生物为心者也,而人物之生又各得夫天地之心以为心者也,故语心之德,虽其总摄贯通无所不备,然一言以蔽之,曰仁而已矣。[2]

天地和人一样,都以生物为心,这个"生物之心"贯

---

[1] 《朱子语类》卷九四。
[2] 《文集·仁说》。

彻、显现于万事万物，显现于一草一木，也显现、贯彻到社会、政治各个方面。朱子喜欢用"月印万川"的比喻来说明这个道理，同一个太极（众理之全）体现到各个事物，各个事物都分享到"太极"的光辉。如果一定要形容这个太极性质，那么它就是"仁"。朱熹说"天地之心，其德有四，曰元亨利贞，而元无不统"，"人之为心，其德亦有四，曰仁义礼智，而仁无不包"。又说"仁之为道，乃天地生物之心，即物而在……诚能体而存之，则众善之源，百行之本莫不在是。此孔门之教所以必使学者汲汲于求仁也"[1]。这个"心"，"在天地则块然生物之心，在人则爱人利物之心，包四德而贯四端者也"[2]。

朱熹又批评了程门学者传授二程的"仁"说走了样，出现两种偏差：一种偏差认为物我一体是仁之体，以杨时为代表；一种偏差认为"心有知觉为仁"，以谢良佐为代

---

[1]《文集·仁说》。
[2]《文集·仁说》。

表。朱熹本来认为天人一贯，天地和人都要贯彻、体现以"生物为心"的仁。以"物我一体"为仁，又有什么不对。朱熹担心其蔽"或至于认物为己"，使人误认为"仁"不须努力去求，本来现成，人含糊、昏缓而无警切之功。如以"知觉言仁，其蔽或至于认欲为理"，这种偏差危害性更大。这是明目张胆的禅家思想。朱熹多次批评禅宗以知觉为性，他们说"在目为视，在耳为闻，在手执捉，在足远奔"。朱熹认为这种脱离封建伦理价值的言行活动，不是性，人和禽兽的差别恰恰在于人有价值观，视、听、言、动要合于道德规范，才是"仁"；没有道德内容的视、听、言、动是禽兽，不是人。

虽然朱熹的哲学体系，从天地万物说起，从格物致知入手，说到底，落脚点却回到人伦日用之常规，归结到封建道德修养，归结为求仁。格物以致知，只是为穷理以尽性。知命，即知天。朱熹的眼中，天地万物充满了一片生机，充满了和谐，宇宙万物原来是仁的显现，只是人们缺少修养，不去体察，看不到罢了。元亨利贞，是天地的四德[1]，而元无不包。仁义礼智是人性的四德，而仁无不统。心的本质即天的本质（心之即天德）。朱熹随时随地有意贯通天和人的关系。这是宋儒共同的、基本的世界观。周敦颐不除窗前茂草，曰"和自家生意一般"，二程说"观鸡雏可以观仁""仁者与物同体"。张载"民吾同胞，物吾与也""为天地立心，为生民立命"。朱熹教人保持"中心恻怛之怀"。

　　一种在社会上发生广泛影响的学说，都不是无病呻吟，皆有感而发。北宋立国之初，局面就比较迫促，内忧外患一直不断。王安石变法，牵动北宋的政局，反反复复，直到北宋的灭亡。这是当时政治危机的反映。北宋经济凋敝，民不聊生，变法也不是，不变法也不是，统治者进退两难。北宋五子与王安石政治上的变法同时出现。北宋五子在学说上却是成功的，从周、程、张、邵到南宋朱熹，逐渐把

---

[1] 朱子和宋儒说事物的德，即本质、属性；仁者之德，犹言润者水之德，燥者火之德。（《二程全书》卷一五）

这个宗教思想体系完善化。南宋小朝廷的日子比北宋更不好过，经济更困难，民气更萧索，"中兴"不过是幻想，恢复只是空话。无论北宋或南宋，社会现实不是那么令人鼓舞的，但是当时宋儒的言论却看不出这种苦难和不安。他们宣扬的是天机活泼，生意盎然，宋儒所从事的精神修养也是从容中道，睟面、盎背、徐行缓步的圣贤气象。这恰恰说明宗教的世界观是现实世界的歪曲的反映。唐末五代，民不聊生，甚至人相食，而禅宗大盛，到处教人立地成佛，不看经，不坐禅，却能保证人成佛作祖。

两年前，我在《论儒教的形成》[1]一文曾说过，宗教都宣扬有两个世界，一个是超世间的精神世界，即天国、西方净土、彼岸世界；另一个是现实世界。有的宗教把彼岸世界说得活灵活现，十分具体，几乎是现实世界一切幸福的无限夸张。也有的宗教把彼岸世界说成是一种主观精神境界。我国隋唐以后的佛教道教都有这种倾向。出家并不

---

[1] 见《中国社会科学》1980年第1期。

意味着教人离开这个世界，到另一个西天去寻求安顿，在日常生活之中，只要接受了宗教世界观，当前的尘世也就是西天极乐世界[1]，每一个参悟佛教教义、接受宗教世界观的众生即是佛。佛不在尘世之外，而在尘世之中。

宋明儒教也正是这样，它给人指出一个精神境界，所谓"极高明而道中庸"，不用改造世界，只要改造自己的世界观，即可成为圣人。而佛教的这种不脱离世间而能出世的理论，本身又破坏了佛教理论的完整性。人们不免要问，既然"运水搬柴，无非妙道"，那何必硬要出家呢？事父事君不也是妙道吗？而中国封建社会遇到的最大的社会危机，恰恰是在于"三纲"的秩序从政治措施到思想意识，如何加强和巩固的问题。这个大问题，佛道两教虽然也都愿尽力帮忙，但提倡"出家"，总不免隔了一层。从运水搬柴可以见性成佛，到事父事君可以成圣成贤，中间只隔着一层纸，只要戳破这层纸，道路就打通了。儒、佛、道三教也

---

[1] 见《坛经》。

就融合起来了。从历史上看，不止儒教有三教合一的行动，佛道二教也都讲三教合一。这是文化发展的总趋势，不是哪一个人可以决定的。理学成为儒教，敬天、法祖的老传统，被添入了新内容。

四　朱熹与新中国

朱熹自称远绍洙泗正统，近接伊洛渊源，他是孔子以后影响最大的哲学家。当然，朱熹影响大，这是历史条件造成的，不完全是朱熹个人的能力。"五四"时代，提出"打倒孔家店"的口号，实际上孔子是代人受过。"五四"时代要打倒旧的习惯势力，与其说是针对孔子，不如说是针对朱熹。因为"五四"时代人们声讨的孔家店的罪状，几乎都是朱熹和儒教的，和孔夫子没有什么直接关系。

中国社会几乎没有经历资本主义阶段，就由半封建半殖民地而一步跨进社会主义了。由于缺少西方约四百年的反对中世纪教会神权统治势力的斗争传统，这给我们的社会主义建设带来了不少麻烦。"五四"时期提出两大口号,"科学"与"民主"。三年前纪念"五四"六十周年,人们还提到"五四"的两大任务,还要继续完成。欧洲反封建反了几百年,我们才几十年。中国的封建文化、思想,与封建制度结合得很紧密的宗教(儒教)十分顽强,过去我们对此估计不足。衡量一下,近百年中国走过的道路,再上溯到朱熹以后九百年来走过的道路,对我们每一个中国人,研究中国哲学史的人,不能无所感受。哲学、宗教,看起来,高高在上,讲的问题,提出的范畴,好像远离人间,实际上它是现实世界的一面镜子。

儒教是中国封建社会后期产生的适应当时情况的宗教,是具有中国特点的宗教。这一点,清代颜元也指出过,二程"非佛之近理",乃程颐之理"近佛"[1],又说"其辟佛老,皆所自犯不觉,如半日静坐,观喜怒哀乐未发气象是也"[2]。

---

[1] (清)颜元《存学编》。
[2] (清)颜元《存学编》。

颜元讲的仅仅是程朱儒教的一部分。朱熹认为天地之大德曰生，天地有生物之心。人也有从天得来的爱物之心——仁。没有"仁"的人，不成为人，没有"仁"的天地不成为天地。朱熹为学，不仅在于纯知识的探求，他确实用实践来体验古代圣人的教导。以朱熹对《论语》"观过斯知仁矣"理解为例：

> 观过之说……似非专指一人而言，乃是通论人之所以有过，皆是随其所偏，或厚或薄，或忍或不忍，一有所过，无非人欲之私。若能于此看得两下偏处……便见天理流行……故曰"观其过斯知仁矣"。言因人之过而观其所偏，则亦可以知仁，非以为必如此而后可以知仁也。

朱熹不但对原文作了如上的解释，而且还切身体会圣人的教导，他接着说：

若谓观已过,窃尝试之,尤觉未稳。若必俟有过而后观,则过恶已形,观之无及,久自悔咎,乃是反为心害而非所以养心;若曰不俟有过而预观平日所偏,则此心廓然本无一事,却不直下栽培涵养,乃预求偏处而注心观之,圣人平日教人养心求仁之术,似不如此之支离也。[1]

可见朱熹的为学,不是口头讲论,确实从体验中得来,它不是纯思辨之学,而是指导行为的学问,它是宗教而不是哲学。宗教不是教人会说,而是教人去做的。与汉代董仲舒的学说以及《白虎通》的儒教神学相比,汉代的"天"是人格化的神,它反映两千年前人类认识的水平。朱熹的"天",不是活灵活现的人格神,而是封建宗法化的理性之神,它不具有人形,而具有人性,有"盎然生物之心"。儒教崇拜的对象是"天、地、君、亲、师",好像是多元的,

---

[1]《文集》卷六七。

其实这五者即封建宗法社会的异化物。其中君代表封建政权，亲代表族权，是中国封建宗法制度的核心。天是君权的神学依据，地是天的陪衬，师是代天地君亲立言的神职人员，握有对封建制度最高的解释权。正如佛教奉佛、法、僧为三宝，离开了僧[1]，佛和法就无从传播。

儒教不同于其他的宗教，甚至打出反对宗教的旗帜。儒教以气质之性为恶的起源，即宗教的"原罪"说；儒教宣传禁欲主义，教人轻视物质生活，教人屈服于"天理"；不去改善外部世界，而教人涵养省察内心的一念之差。朱熹的学说出于一时的不被谅解，曾遭到禁锢，但不久即解禁，历元、明、清得到国家的提倡，朱熹的著作成为知识分子应付考试的教科书，朱熹的观点，也灌输给广大知识分子。

生产力和经济发展要求冲破封建主义的束缚，为资本主义开辟道路。从明朝万历（1573—1620）时期，及清朝

---

[1] 儒教的"师"，相当于佛教的"僧"。

乾隆（1736—1795）时期，工商业在个别地区有相当发展，如果不受干扰，就可以和当时世界步调相一致，走向资本主义。可是中国的封建势力十分顽固、强大，新生力量几次萌发，几次被抑制。历史家们常说鸦片战争以后，中国的科学、技术才被迫落后，事实上从明中叶以后，中国的科学、技术已开始失去领先的地位。中国发明火药，但明朝要买西方的大炮；航海事业，中国本来是先进的，明以后落后了，航海周游世界的不是中国人；天文历法，中国是世界上先进国之一，明以后，历法推算也不及西方准确了。中国科学技术落后，有多种原因，而宋代儒教思想对人民的禁锢作用，绝不能低估。

朱熹的格物说，绝对产生不了科学家，它只能为封建宗法制度服务；朱熹的仁说，训练不出改革家，更不会有革命家。他的格物穷理，身心性命之学，是为了保卫封建伦理秩序。

照通常情况，社会主义前身是资本主义。新中国没有经历发达的资本主义社会，而是在半封建半殖民地旧址上建立的。在人民民主的政权下，很容易地改革了封建的土地私有制，但对封建宗法主义的影响估计不足，没有来得及详细区别哪些是封建文化的优秀传统，哪些是封建主义文化的糟粕。每一民族的文化，精华部分是人民群众长期积累、创造的文化财富，它代表民族文化的优良传统；糟粕部分是少数特权剥削者假借全民的名义，以谋私利，它是民族文化的赘疣。举世瞩目的中国十年"文化大革命"，许多罪恶的行动，就是用封建主义冒充马克思主义得以畅行无阻的。

中国封建主义的核心是封建宗法制度"三纲"说。"三纲"说与社会主义民主是不相容的。儒教的中心思想即"三纲"说。君权、族权、神权的压迫下，农民没有民主，群众如果不从族权下解放出来，只听张姓、王姓一族一家的支配，就谈不上民主。青年男女婚姻自主、婚姻自由的权利，还不断受到家长及旧势力的干扰，现在的新婚姻法就是用法律形式保障青年男女民主权利的。家长制，一言堂，也是封建宗法制的残余。这些问题，在西方社会已不成问题，在新中国却还在起作用，妨碍社会的前进。

西方世界有自己的困难，比如家庭关系的不巩固，老年人没有归宿，有人对东方的家族制说了许多优点。社会主义的尊老爱幼、平等互助的新的家庭关系，子女有赡养父母的义务，与封建宗法制的家长的绝对统治是有区别的。封建制的孝道与社会主义下的尊敬父母的孝是不同的，因为封建宗法制度下，子女是父母的附属物，子女为父母而活着。同样，我们也要看到，一种学说在不同的社会环境中，会产生不同的作用。朱熹、王守仁学派传到日本，起了进步作用。在西方，中国的文化也在不同的时期，不同的民族、国家起了不同的影响。因为，一个民族的存在、发展，要靠它自己的传统文化作为支柱，外来的文化只起着借鉴和催化的作用。朱熹的思想，无论它的积极部分或消极部分，对外国文化都不能起决定性的作用。朱熹的思想在中国经历了近千年的官方提倡，强制灌输，"三纲说""天地君亲师"的崇拜，已深入人心，积重难返。作为一个新中国学者的切身感受和站在这个文化圈以外的学者的印象是不同的。

　　我们谈论的是哲学问题，我这里涉及的似乎不属于纯哲学问题。这正是朱熹的思想。朱熹教人要从格物、致知入手，进而正心、诚意、修身、齐家，以至于治国平天下。建设社会主义的国家，也正属于"治国平天下"的范围。照朱熹的方案是不行的。朱熹的学说讲了近千年，并没有解决人民的温饱，并没有使中国人民真正站起来。朱熹的思想体系中有可取的地方，但朱熹建立的儒教体系是不可取的。

明清理学评议*

* 原载《明清史国际学术讨论会论文集》,天津人民出版社,1982年7月版。

明清两代在中国封建社会的历史上是一个急剧变化的时期。中国学术界的多数朋友们认为，这个时期是中国封建社会的后期，是中国封建社会接近结束的时期。中国封建社会经历的年代比较长，史学界多数学者认为汉至唐中期以前是中国封建社会的上升阶段，中唐以后，经济发展趋于缓慢，处于逐步下降的阶段。中国封建社会为什么会停滞这么长久？关于这个问题，历史学界争论很多。原因是多方面的，起主要作用的当然是封建经济结构比较顽固，政治结构严密，封建统治力量强大，用政治力量限制工商业的发展，因而使资本主义因素成长缓慢；其次，在思想方面，宋以后的理学思想也限制了资本主义因素的发展。宋、元、明、清的理学，即官方的学术思想，它通过各种渠道，使封建社会尽量少改变甚至不改变。特别到明清时期，理学在推迟社会变化、加强封建社会的统治秩序方面，起了极其重要的作用。也就是说，统治阶级的思想与当时的政治，经济互相配合，维持了封建社会的稳定，推迟了资本主义的发展。

从宋、元两代起，理学就占了统治地位。明代以后，程朱理学思想被规定为官方合法思想。明代中叶，王阳明学派一度占了比较大的势力。但王阳明学派是为了补救朱熹学派的流弊，作为程朱学派的辅助力量而出现的。到了清朝，朱熹学派占了主要地位（我们现在不是具体地讲哪一个哲学家，哪一个流派的思想，只是谈谈总的趋势）。理学，外国译为新儒教、新儒家，因为它打的是儒家孔孟的旗帜。理学在中国历史上起了什么作用，对这个问题，我谈谈自己的初步想法。一些外国学者提出，不能简单地把理学说成是代表官方的。他们的理由是：有些理学家，在当时就是受迫害的。如程颐给皇帝讲书，不受欢迎而被辞退；朱熹给皇帝讲书，只讲了一个多月就被免职；朱熹的学说在南宋一度遭到禁止，被斥为"伪学"。如果说理学是维护封建统治阶级的，那么，理学家就不会有这样的遭遇。我认为，一个人的遭遇与他的思想学术体系应该分开考虑。封建皇帝不喜欢某个理学家本人，不等于说这个理学家的学说对封建统治阶级不利，不是维护封建统治的。像二程的思想，在北宋并不那么受到重视，而到了南宋，他们的思想却得到极大的推崇。朱熹活着的时候，遭到冷遇和迫害，而在朱熹死后，他的思想体系，如尊君、强调三纲五常、加强君主专制这些基本思想，却成为巩固和强化封建统治的极其重要的工具。

这些年来，研究中国哲学史的人习惯于把中国哲学家分成唯物主义或唯心主义两个阵营。三十年来，我们一直是这么划分。外国朋友研究理学、研究中国哲学史，则把它们划分为"心学""理学"以及其他种种划分办法。对于这些划分办法，不拟在这里讨论。

现在，我提出讨论的是：宋明哲学要解决的中心问题是什么？简单地说，我认为就是如何处理天理与人欲的关系问题。当时，在天理与人欲的关系上，理学家们展开了讨论。有的人主张消灭人欲，保存天理；有的人主张应给人欲以适当的地位。较进步的认为天理离不开人欲，天理存在于人欲之中，个别人认为人欲是合法的、合理的，应该给予满足的。

"存天理、去人欲"是个哲学问题，还是个宗教修养问题？我认为它不是哲学问题而是个宗教修养问题。因为哲学是研究主体与客体的关系、思维与存在的关系，它是一门论证客观世界及其规律能否认识的学问。主张"存天理、去人欲"的理学家们不探求主观与客观的关系，讲的是如何拯救人类灵魂的问题。理学家认为人的灵魂中先天地带有罪恶，这种生而俱存的罪恶必须消灭、铲除，才能把灵魂中正确的东西发挥出来。所以它不属于哲学领域的问题而属于宗教问题。

儒家是不是一种宗教，国内外都有两种不同的看法，有人认为是，有人认为不是。我认为孔夫子是一个哲学家、政治家，不是一个宗教家。他的哲学观点在学术界还在讨论，有人说是进步的，有人说是保守的，这是个学术问题，也许还要长期争论下去。可是，后来的儒家，经过汉朝董仲舒的改造，到了宋朝，又经过程朱的改造，这时期的儒家和春秋时期的儒家大不一样了。它吸收了佛教、道教的某些因素，形成了儒教，而不再是儒家。先秦时期孔夫子的儒家与汉宋以后的儒教不应等同起来。有些人习惯地说，儒家统治了中国两千多年，这种说法不大准确，哪里有一个如此长寿的学派呢？社会也在变嘛。"五四"时期所提出"打倒孔家店"的口号，实际上要打倒的是以孔子为招牌以掩护其腐朽的封建思想体系和封建社会制度。当时要打倒的"孔家店"与真正的孔夫子关系倒不大，人们心目中的孔家店，奉行的是程朱陆王建立的儒教思想体系。

宋明儒学，一般称为理学，我认为它可以称为儒教。儒教盛行的结果，限制了科学的发展，儒教引导人们致力于内心的考察，而放弃向外追求知识。这一倾向到明代王阳明就更加突出。王学认为格物就是格心内之物,把格物说成格心。它诱导人们作内心的反省而不是去认识、改变现实世界,它要求人们去改造自己的内心、去适应现实世界。换言之,你如果觉得现实世界不合适,那就是你的思想不对头,首先应改造自己的思想。

明清时期,国家的统治体制进一步贯彻了封建家长式的统治,《大学》这部书,就强调儒教的宗教修养,提出了关于"修身、齐家、治国、平天下"一系列修养的步骤。皇帝被看作全国最高的家长。皇帝以下也是一层层的家长统治,一直推广到农民的一家一户的家长制。于是一家一户的小农经济在家长制下得到了巩固,以小农经济为基础的封建社会赖以延续。

理学或儒教的存在和发展,其流毒至广至深。

中国科学技术落后,很多研究中国历史的人都说始自鸦片战争以后。我认为它是从明朝中叶开始的。像中国古代四大发明之一的火药,在发明之后的很长时期里,中国对它的使用还停留在放鞭炮、制礼花的水平。可是,在明朝时期，用火药造大炮造得最好的是西方而不是中国。中国历史上称之为红夷大炮的一种先进武器，是从葡萄牙传入中国的。以绘制地图为例，中国古代的地理知识在唐朝时期在全世界是先进的，但到明中叶以后，西方地理知识超过了中国，地球是圆的，在中国人的头脑中没有这个观念。再如历法：历法与天文、数学的关系极密切，中国很早就有过较先进的历法，但到明末清初，外国的历法准确性却超过中国。这都说明，由于理学或者说是儒教的影响，中国的科学停止了发展，它主张向内反省，排斥向外追求的结果，扼杀了科学的进展。

从向外考察转而向内反省，这个变化是从宋代开始的，至明清变本加厉，其流弊日益严重。明初还有多次下西洋的航海活动，清代以后，就不见记载了。闭关自守的政策，严重地限制了当时人们的眼界和思路，而闭关自守也是明中叶才开始的。

宣传"存天理、去人欲"，就是宣传禁欲主义，这是宗教教条。理学就是要想方设法遏制人们正当的欲望。宗教和科学从来就是死对头。现在有一些为宗教辩护的说法，认为宗教与科学可以相辅相成。我认为，宗教与科学是对立的：宗教占统治地位，限制科学的发展；科学的发展，必然压缩宗教的地盘。

由于宋明理学长期地起支配作用，使得中国社会停滞不前，即使出现了新的思想、新的力量，也被占统治地位的儒教思想拖住甚至扼杀。从对历史人物的评价上，同样可以看出儒教对思想的摧残。宋以后，封建正统观念占支配地位，特别是理学大师朱熹写了《通鉴纲目》之后，曹操就变成了坏人，因为他篡夺了刘姓皇帝的权柄。在唐代，人们心目中的曹操还是个正面人物，杜甫诗《丹青引赠曹将军霸》一开始就说："将军魏武之子孙……"称赞曹霸出身是高贵的。可见，在当时人的心目中，曹操是个英雄，而封建正统观念占支配地位后，曹操才变成了反面人物。五四运动时，北大学生到天安门游行，高举标语，打倒曹、章、陆，声讨曹汝霖卖国罪行。曹汝霖卖国，引起爱国群众的公愤、怒骂，罪有应得。但有人骂他的理由是：曹汝霖是曹操的后代,所以他一定不会干好事,这就是封建正统观念在作怪了。可见,当时的革命运动,革命的群众都是反对宋儒封建正统观念的影响的,而有时,他们不自觉地流露出某些封建正统观念,说明封建正统观念已深入人心,不是很容易消除的。

综上所述,可以看出:宋明理学、儒教所宣扬的好像是学术问题,可是它直接影响到我们当代的政治生活、文化生活和思想状况。作为中国学者,对儒教更有深切的感受。从儒教的影响来看,它不仅是个学术问题,还与现实生活有着十分密切的关系。希望国内外的朋友们共同讨论、研究,把问题搞清楚。

儒教[*]

---

[*] 载任继愈主编《宗教词典》，上海辞书出版社，1985年版。

儒教

中国封建社会长期形成的特殊形式的宗教。中国是否存在儒教，学术界有不同的观点。有的认为不存在儒教，只有儒家的学说，它不是宗教。有的认为存在儒教，孔子是教主。后者认为汉武帝利用政治权力把孔子学说宗教化，定儒教于一尊。隋唐时期儒、释、道并称为"三教"，此后，三教出现合一的趋势。在封建政权支持下，儒教体系完成于宋代。它以中国封建伦理"三纲""五常"为中心，吸收佛教、道教的宗教思想和修养方法，提倡"存天理，去人欲"，使宗教社会化，把俗人变成僧侣，使宗教生活、僧侣主义、禁欲主义、蒙昧主义、偶像崇拜渗透到每一个家庭。认为儒教信奉"天地君亲师":君亲是中国封建宗法制度的核心;天地是君权神授的神学依据;师相当于解释经典、代天地君亲之言的神职人员。《四书》《五经》是儒教的经典,祭天、祭孔、祭祖是规定的宗教仪式。童蒙入塾读书,开始接受儒教的教育时,要对孔子的牌位行跪拜礼。从中央到地方各州府县建立孔庙,为教徒(儒生)定期聚会朝拜的场所。认为儒教统治中国达千年之久,它起到了稳定封建秩序、延长封建社会寿命的重要作用。五四运动后,它的统治地位发生动摇,但帝国主义侵华势力及封建残余势力继续提倡尊孔读经,维护儒教,用来抵制新兴的革命潮流。持这种观点者还认为,由于儒教在形式上不同于一般宗教,也由于它口头上反对佛教和道教,并反对其他宗教,不承认自己是宗教,因而有些人不把儒教算作宗教。

论白鹿洞书院学规*

* 据《任继愈学术论著自选集》。原为1987年12月厦门大学国际朱熹学术讨论会论文,曾收入《儒教问题争论集》等。

白鹿洞书院是朱熹讲学基地之一。朱熹一生从事讲学工作，以培养人才为己任。他对当时的教育制度不满意，提出自己的办学宗旨。看来，这是朱熹的教育方针，它的实际意义远远超出了教育范围。白鹿洞书院的学规应当看作朱熹哲学世界观的纲领。

一

在学规中指出教育的目的不在于传授知识、务记览、为辞章、钓声名、取利禄，而在于给从学者讲明义理以修其身，推以及人，最终为圣贤。朱熹相信尧舜时代，曾使契为司徒（教育之官）"敬敷五教"为总纲。这五教是：

父子有亲，君臣有义，夫妇有别，长幼有序，朋友有义。

尧舜时代是否可能提出这五种社会规范，这里且不论。但可以断言，朱熹认为"五伦"观的确立是人生的头等大事，它是维护社会秩序，明确人伦关系的永恒准则。离开这"五教"就没有学问，它是为学的基础，也是为人的根本。基本内容有五项：

博学、审问、慎思、明辨、笃行。

前四者属于知识传授范围，最后一项"笃行"不属于知识而属于实践。朱熹主张知在先，行在后，学知识为了实践。笃行属于修身范围。修身的要点有四条：

言笃信，行笃敬，惩忿窒欲，迁善改过。

这四条中，包括言论规范、行为态度、心理活动、道德修养。也就是从内心到行动的全部要求。

行为必然接物和处事。朱熹对处事要求做到：

正其义不谋其利，明其道不计其功。

这本来是董仲舒的格言，朱熹全部继承了下来。处理人与人的关系的原则（接物之要），朱熹要求做到：

己所不欲，勿施于人；行有不得，反求诸己。

这本来是孔子、孟子的古训，朱熹也全部继承下来，以此教育学者，作为处理人与人的关系的准则。

这个学规，张贴于大门上方最醒目的地方，以引起学生们的注意。学生们不但记住它,并且要见诸实际行动。书院用它来规范学生们的全部言行和心理活动。不符合这"五教"原则,不但不应去做,不应去说,而且不应去想:"思虑云为之际,其所戒慎恐惧,必有严于彼者矣。"

二

白鹿洞书院学规所涉及的不限于该地听讲的学生,也不限于文字表面的意义,文字明白,不难理解。它还有更深一层的社会含义,值得引起人们的注意。这个学规与其说它是朱熹的办学方针,不如说它是朱熹的施政方针;与其说它是朱熹的哲学思想,不如说它是朱熹的宗教思想;与其说它是朱熹的政治学的大纲,不如说它是朱熹政教合一的体现。

政教合一,历史学界认为曾流行于西方欧洲中世纪,宗教领袖兼地方行政领袖,或是地方行政领袖接受宗教领导。在伊斯兰教流行的地区,也是政教合一,教权领导王权。我国西藏在改革以前,也是政教合一的形式,改革以后，行政与宗教分离。在中国内地广大地区，一般认为不存在政教合一的历史现象。有的历史学家还认为这是中国历史的特点和优点，因而没有遭受过欧洲中世纪那样的困扰。这种见解是不对的，因为它不符合事实。

提起宗教，人们习惯地用基督教、佛教、伊斯兰教作为标准，和那些宗教一样的，认为是宗教，不一样的不算宗教。我们还是从实际出发，先不用一种固定的模式来判断活生生的历史。

从人类学、考古学、社会学，以及历史文献记载可知，迄今为止，还没有发现过哪一个民族没有宗教信仰的。只是宗教信仰的品类不同，其间有高低深浅的差别。对以华夏民族为主体的中华民族来说，它也有宗教。宗教是一种社会现象，随着历史的前进而变化。

自秦汉以后，政治上形成大一统的封建大国。秦汉大一统为此后两千年的政治格局打下了基础。为了维护这个格局，我国历代政治家、思想家、哲学家，从各个角度做出努力，使这个总格局得到发展和巩固，使它的统治系统日趋完善。从经济结构看，中国土地辽阔，自然经济呈现出地区封闭的状态，不利于统一。从政治要求看，为了中华民族的整体利益（如兴水利、御外侮、救灾荒）则要求高度统一，要求统一哲学思想、宗教思想，力求与政治思想相配合。配合得好，得到政府的鼓励，不利于统一的受到限制，破坏统一的受到制止。一代一代传下去，中国封建社会的制度越来越完善。与全世界比较，中国封建制度最完善，封建文化最发达。

维护中国封建社会靠政治力量，同时还得有哲学与宗教的配合。秦汉时期中国的宗教与哲学相配合，维护大一统的局面。董仲舒开始建立儒教体系，利用社会上流行的天人感应思潮，为王权服务。此后，汉代的神学经学已经是政教合一的雏形。中国的政教合一与欧洲不同处，是王权为主，神权为辅，神权为王权效劳。汉代的宗教神学比较粗糙。三国以后，有了更为精致的宗教，道教正式建立，佛教大量输入。佛、道两教各自为中国的政权尽力。都曾为维护三纲、五常封建制度说教。忠君爱国也成了宗教教义的主要内容。他们的说教有的直接，有的间接。总之，宗教活动与政治活动基本协调一致。到了隋唐，三教（儒、释、道）鼎立，互相配合，共同为王权效力。

北宋开始，在三教鼎立的基础上，进一步促成三教合一，以儒家为主流，吸收佛教、道教中特有而儒家所缺少的，如心性论的分析、宗教修养、禁欲主义的内容，使之融合为一个体系。这一方面，北宋诸儒做了大量工作。朱熹是继北宋诸儒之后，成就最大的学者，也是政教合一的集大成者，在历史上起了决定性的作用。

中国的政教合一，继承中国传统宗教信仰（可以上溯到西周），即敬天法祖、王权神授思想（王者天命所归，受命于天），对稳定中央集权起了推动作用，儒教的专职传播者儒者（士大夫）形成了一个特殊阶层，他们以道自重，为王者师，不充当最高领导者，而是给政府及皇帝出主意、定规划，提供指导思想。宗教与教育相结合，制定教育制度，用科举制度培养儒教的接班人，不断向中央输送后备力量，加强中央政权。以经典指导政法措施，用经典解释法律条文，引经决狱。经典解释权归儒者专享。从中央到地方设有儒教组织系统，中央有太学，地方有府学、县学。教育者享有崇高的社会地位，不同于一般行政官吏。从中央到地方有一系列组织保证，如地方上官绅共治，乡里有乡规民约，内容贯彻了封建三纲、五常的原则。从白鹿洞书院学规到清朝康熙年间颁布的学宫圣训十六条，有着一脉相承的关系[1]。

政教合一，是中世纪封建社会的共同现象，不是西方所专有，但各地区的政教合一，各有自己的特点。它有它的历史使命，它的出现是历史的客观需要。它的历史使命完成后，即应退出历史舞台。封建社会后期，中国的政教合一早已失去其积极作用，理应功成身退。随着新政权的

---

[1]《圣谕广训》："敦孝弟以重人伦；笃宗族以昭雍睦；和乡党以息争讼；重农桑以足衣食；尚节俭以惜财用；隆学校以端士习；黜异端以崇正学；讲法律以警愚顽；明礼让以厚风俗；务本业以定民志；训子弟以禁非为；息诬告以全良善；戒匿逃以免株连；完钱粮以免催科；联保甲以弭盗贼；解仇忿以重身命。"

建立，旧政权即行结束。思想意识方面的影响，则是长期的，很难短时期完全清除干净。这是我们今天建设社会主义精神文明、从事思想教育工作的科学工作者共同的任务。

三

朱熹的政教合一体系，不能仅仅被看作朱熹个人的，它代表着宋、元、明、清长达八百年的政治体制。政教合一体系，不在于培养哲学家、科学家，而在于为封建大一统王朝培养大批比过去任何时期更适合巩固封建秩序的合格人才。历史证明，这一体制收到了预期的效果[1]。

"博学、审问、慎思、明辨"均属求知，它不是教人穷天地万物之理，而是落实在人伦日用之中。有人认为朱熹讲格物，教人穷万物之理，王守仁讲格物，教人格自家内

---

[1] 宋以后，有奸臣而无篡臣。曹操、司马懿父子用宫廷政变取得政权的事件，从此绝迹。这都是政教合一的实效。

心。实际上,朱熹教人为学的最终目标还是充实内心修养,"言忠信行笃敬,惩忿窒欲,迁善改过"。这里有人生哲学,也有宗教的禁欲主义。这一点,程、朱、陆、王没有两样。后来清代理学中涌现出一些批判朱熹的革新派,从唯心唯物的观点来看,他们不同于前人,但他们仍未超出儒教的范围。

儒教有其独特的体系和结构,神权王权之间没有尖锐的矛盾,没有生死斗争,它利用政权的杠杆,随时调节两者的关系,使它温和地发展着,因而没有发生过像欧洲中世纪那样的教权与王权长期的战争。儒教即国教,儒家经典有不可亵渎的神圣性,儒教领导人足以为帝王师,但不可以为帝王。王权拥有最终的管理实权,但必须以儒者为师。

论朱熹的《四书集注》
——儒家经学的一大变革[*]

---

[*] 据《任继愈学术论著自选集》。原为岳麓书社版《四书集注》前言（1987版），曾收入《儒教问题争论集》。

论朱熹的《四书集注》——儒家经学的一大变革

秦汉建立统一的封建王朝，为了加强政治的统一和教化的统一，汉武帝置五经博士，定儒家为一尊，用政府的权力推行儒家思想。"五经"成为国家规定的教材。

经书文字简古，传抄不易，传授经典靠记诵，古代没有工具书，识字断句都要有人指点，经典传授必有师承，经师传授，既讲文句，又解释书中的道理，这是经疏章句之学的起源。

汉以后，社会政治不断变化，为不同时代的政府服务的经学也跟着变化，因而经学具有时代特征。汉人解经，受天人感应思潮的影响，以天道附会人事，是为"神学经学"，它是汉代巩固统一政权的得力工具。神学经学，是一种比较粗糙的神学体系，但它体现了时代思潮，包含了当时许多学科（如哲学、神学、史学等）的内容，用经学为最高思想指导，有助于推行治国安邦的措施，如引经书决狱、施政等。

唐初编定《五经正义》融南方经学与北方经学为一体。它反映了唐初统一南北朝以后的新形势。唐永徽四年（653）颁行天下，直到宋朝，一直用来作为明经科取士的标准教科书。维持的时间比汉代的神学经学长得多。但是唐朝经过安史之乱，社会情况发生了急剧变化。唐中期以后，《五经正义》已不能完全满足施政的要求。因为天下处于地方割据，与中央政权对抗，唐末五代十国，直到北宋建国，中国进入封建社会后期。此时作为稳定政权统治秩序，维护封建宗法制度的工具，除了儒家经学以外，还有佛教经学、道教经学。为了加强经学的权威性，只有把当时社会思潮诸多文化因素吸收到经学中来，经学才有生命力。构建完整的上层建筑，不是一朝一夕能完成的。董仲舒的经学体系从汉初算起，经历了七十年。"四书"的出现[1]从北宋建国算起,差不多经历了百年之久。

体现时代思潮的新体系的形成,要具备三个条件:第一,政局稳定。战争年月,兵荒马乱中不能出现新体系。第二,充分而必要的思想资料的积累。第三,新体系要有体现时代思潮的思想家。到了北宋中期[2]才具备了这三个条件,南宋朱熹出色地完成了这一使命。他对中国封建社会后期的贡献和作用大于董仲舒对中国封建社会前期的贡献和作用。朱熹陪祀孔庙,享受的奉祀达七百年之久,直到"五四"时期,朱熹的牌位才被撤除。

《论语》《孟子》是先秦的著作,《大学》《中庸》成于汉初[3],这是学术界的共同看法。这四部分各自独立,不相联属。这四部分组合在一起,命名为"四书",并得到社会

---

[1] "四书"的出现,标志着"新经学"的形成,这是《五经正义》吸收了佛、道二教的某些宗教内容,而形成的"儒教经学"。

[2] 北宋仁宗时期,出现一批思想家,正式提出"四书"与"五经"并重。

[3] 见《中国哲学发展史(秦汉卷)》。

的认可,是朱熹努力推行的结果。远在南北朝时期,《中庸》一书已受到重视,梁武帝把《中庸》与佛经同等看待,等于说《中庸》已从《礼记》中独立出来[1]。《论语》在汉代尚不能与"五经"并列,与《孝经》地位相当,起着辅翼"五经"的作用。《孟子》在汉代的地位不及《荀子》。唐朝韩愈著《原道》,倡言道统,以与佛教相颉颃,提出从尧、舜、禹、汤、文、武、周公到孔子、孟子有一脉相传的相道统。尧、舜、禹、汤、文、武、周公,是帝王而兼圣人,孔孟都是春秋战国时期的有影响的思想家,但不具有帝王的身份。孔、孟的圣人地位,是根据他们留下来的言行记录《论语》和《孟子》而来的。柳宗元为佛教辩护,认为佛教讲的道理与《易》及《论语》合,他也把《论语》与《易》相提并论,《论语》也享有"经"的地位。稍后于韩愈的李翱根据《中庸》著《复性书》发挥圣人之教,唐人已开始注意到《大学》《中庸》《论语》《孟子》的重要性。

---

[1] 见《中国哲学发展史(魏晋南北朝卷)》。

北宋张载少年时，喜谈兵，初次谒见范仲淹，范授以《中庸》，从此张载成了儒家的信徒。可见《中庸》一书从唐到北宋已相当流行，是一部随处可以见到的儒家典籍。

伊川程颐开创洛学，他经常以《大学》《中庸》《论语》《孟子》为基本教材教育门徒。这四部书成为儒家系列丛书，应当说是从程颐开始的。北宋仁宗庆历以后，文化发达，人才辈出，出现了群星灿烂的局面，与洛学并峙的有王安石、司马光、苏氏父子、邵雍、张载等许多学派。这些学派中，司马光对这四部书并不完全赞成。"四书"虽在北宋受重视，还未能定型，"四书"与"五经"并列，公开主张"四书"优于"五经"，那是从朱熹开始的[1]。

韩愈、李翱对《大学》《中庸》予以阐发，但没有把它们从《礼记》中分离出来。朱熹说：河南程夫子之教人，必先使之用力乎《大学》《论语》《中庸》《孟子》之言，然

---

[1] "《语》《孟》，工夫少，得效多；《六经》工夫多，得效少。"（《语类》卷十九）

后及乎《六经》(《朱子文集》卷八二)。朱熹进而说明学习"四书"的顺序,学者应当:

先读《大学》以定其规模,次读《论语》以立其根本,次读《孟子》以观其发越,次读《中庸》以求古人微妙处[1](《语类》卷十四)。

朱熹对"四书"的研究注释,投入极大的工力。朱熹对《大学》加工较多,从中分出"经"及"传",并改变了原来的次序,还认为格物章有经无传,补写了一篇"传"即《格物传补》。这一举动也曾引起后来学者的怀疑和反对。朱熹对《中庸》大体依照程颐的观点,重新分别章节,朱熹称为《大学章句》《中庸章句》。对《论语》《孟子》两书未曾改动,而是博览古今注释择善而从,称为《集注》。

---

[1] 朱熹晚年,发现《大学》一书学者不易领会,于是提出先从《论语》《孟子》入手,然后再读《大学》《中庸》。印书商人因《大学》《中庸》篇幅小,放在一起便于装订,其序列为《大学》《中庸》在先,《论语》《孟子》在后。明代遵从朱熹说,认为《中庸》为子思作,应在《孟子》前,不论顺序如何排列,这四部书成为一组,已成定局。

这四部书的合订本统称为《四书集注》。

朱熹以毕生精力从事学术活动,讲学、著述达四十余年。中国思想家中,对社会产生深远影响的不过三五人,朱熹是其中的一位,他的《四书集注》起决定性的作用,朱熹从三十四岁时,为《论语要义》,四十三岁时为《论语精义》,四十八岁时成《集注》,此后不断修改、补充。朱熹对《大学》《中庸》用力最勤。六十二岁时《大学》《中庸》尚未付刊,他六十九岁时自称:

> 某于《大学》用功甚多。温公作《通鉴》,言"臣平生精力全在此书"。某于《大学》亦然。《论》《孟》《中庸》却不费力。(《语类》卷十四)

他自己认为对《大学》用功甚多,这是实情。像"格物"一词,在《大学》原著中,还算不上哲学范畴,经过朱熹的注释,"格物"成了后来儒教体系的中心构件,后来王守仁与朱熹的理论分歧,也发端对"格物"的理解。朱熹的"格物"说的意义,不在于解释《大学》,而在于建立自己的儒教新体系。

《四书集注》引用汉人以后注释,董仲舒、司马迁、扬雄等十五家,引用宋人及同时人之说有四十一家。朱熹尽量博采众长[1]。

> 或问集注有两存者,何者为长?曰:使见得其长底时,岂肯存其短底?只为是二说皆通,故并存之,然必有一说合得圣人之本意,但不可知尔。复曰,大率两说前一胜。(《语类》卷十九)

> 程先主解经,理在解语内,某集注《论语》只发明其辞,使人玩味经文,理皆在经文内。(《语类》卷十九)

---

[1]《孟子集注》引用王勉说三条。此人宋史无传,不是有名人物,有"绍兴进士王勉"的记录。参看钱穆《朱子新学案》。

《四书集注》,不能只看做关于字句的注释,它体现了朱熹的全部哲学体系。《集注》解释孔孟的话,有些是孔孟原有的意思,朱熹予以发挥;也有孔孟没有的意思,朱熹给加上去的。孔子、孟子多处讲仁、义。孔子多论"仁",孟子多仁义并举。朱熹解释的仁义,与孔孟并不相同,《四书集注》说:

仁者,心之德,爱之理。
义者,心之制,事之宜。
礼者,仁之发。
智者,义之藏。

这些思想都不是孔孟原有的,孔孟不可能讲得这样深,这样细,这是朱熹的创造。

也有朱熹按照自己的理解,发挥孔、孟的原意的。如《论语》"诗三百,一言以蔽之,曰思无邪"。注云:

凡诗之言，善者可以感发人之善心，恶者可以惩创人之逸志。其用归于使人得其性情之正而已。然其言微婉，且或各因一事而发，求其直指全体，则未有若此之明且尽者。故夫子言，诗三百，而唯此一言[1]足以尽其义，盖示人之意亦深切矣。

朱熹注释的高明处在于从教育、心性修养方面提出了读《诗》的方法，教人善于从中"得其性情之正"。不像有些卫道士，板起面孔，对经书上的话百般回护，硬要说《诗经》的诗讲的都是大道理，没有任何邪思，这种笨拙的解经法，不符经书原意，也无说服力。朱熹在《诗集传》中已明确指出有些诗为"淫奔之诗"。

《集注》中还随时灌注等级尊卑秩序的思想教育。如《季氏篇》"是可忍孰不可忍"一章，注多解"忍"为"容忍"。朱熹则从忠君的心理感情着眼，他解释说：季氏像这样大逆不

---

[1] 此一言，即"思无邪"三字。

道的僭越行为都忍心干得出，还有什么不忍心干不出来呢？

朱熹讲书，着重发挥，这是宋代学者治学的风气。程颐任崇政殿说书（讲官），给小皇帝宋哲宗讲论语，讲到颜回生活穷困，"箪食瓢饮，而不改其乐"一章。门人认为这一章与皇帝没有什么联系，程颐怎样去发挥呢？程颐说："陋巷之人，仁义在躬，忘其贫贱；人主崇高，奉养备极，苟不知学，安能不为富贵所移？且颜子王佐才也，而箪食瓢饮；季氏鲁国之蠹也，而富于周公。鲁君用舍如此，非后世之监乎？问者叹服。"

封建社会后期的哲学体系，特别强调了心、性，以及在宗教内心修养中忏悔、禁欲、反省、自责的思想感情训练。这种训练是汉唐佛教、道教流行以后出现的，正像汉代经学必须吸收天人感应思潮才能具有生命力一样，宋代儒教经学的特点在于用心性论来解释儒家经典，特别是《四书集注》，它强调为人处世的道理，主要教人如何修身养性、涵养性情、正心诚意。在家为孝子，做官为忠臣，成圣成贤，不离于人伦日用之间。以心性论解经，是中国经学史上前所未有的一大变革。

《大学》出自《礼记》,是汉初综合先秦孔、孟、荀儒家各派思想,协调封建宗法制度的政治纲领。《大学》充分反映了中国封建宗法制度下以一家一户为生产单位的小农经济的世界观。

《大学》与《中庸》都属于西汉初的儒家著作。近人也有人认为《大学》为荀子一派著作,《中庸》为孟子一派的著作[1]。

《大学》的基本内容,即后人所说的"三纲领""八条目"。三纲领为"明德、亲民、止至善"。八条目是"格物、致知、诚意、正心、修身、齐家、治国、平天下"。这是汉初统一王朝建立后,总汇先秦儒家孟、荀诸流派关于如何协调封建宗法制度的政治纲领。封建宗法制度以家为本,家庭是小农经济的基本单位。因此,对每个人的社会地位、职责提出明确的要求。《大学》说,"自天子以至于庶人,

---

[1] 参见冯友兰先生说。

一是皆以修身为本"。从修身向内心修养方面追求，则是格物、致知、诚意、正心；向社会方面推开去，要做到"齐家""治国""平天下"。这是《大学》一书原来的意义。

《四书集注》则把《大学》的纲领解释为"格物"，这是朱熹个人对《大学》的独特解释，朱熹格物说与《大学》本身的含义要区别看待。

《中庸》这一章讲的是儒家的社会思想，讲在封建宗法制度下，为人处世的普遍原则。它指出：为人处世，不要太过，也不要不及，恰到好处，才是"中庸"。中庸不是在两极端之间截其平均值，而是根据具体的情况，做出最合理的行为抉择。难就难在"恰到好处"——适度。行为的适度，取决于行为者的道德修养水平，要求人们在日常生活中经常遇到的最平常的一些大大小小的行为中都能自觉地去做，而且做到恰到好处：

> 君子之道费而隐，夫妇之愚，可以与知焉，及其至也，虽圣人亦有所不知焉。

> 大哉圣人之道，洋洋乎发育万物，峻极于天下。
>
> 故君子尊德性而道问学，致广大而尽精微，极高明而道中庸。

《中庸》在当时引起社会关注的是它关于社会生活方面的中庸准则，重点在伦理方面。《中庸》中还有一部分关于人性论方面的论述，集中讲到"诚"这个范畴。可惜两汉经学的兴趣在于建立统一的哲学思想体系，到处弥漫着天人感应思想，《中庸》中关于人性论的阐发如：

> 诚者天之道也，诚之者人之道也。诚者不勉而中，不思而得，从容中道，圣人也。诚之者，择善而固执之者也。

这些没有引起更多的反响。《中庸》把孟子、荀子的人性论加以综合，采取兼容的态度，认为"万物并育而不相害,道并行而不相悖"(这种兼容并蓄的倾向,从《吕氏春秋》就已开始了),因为当时需要统一的哲学体系。《中庸》力图用"天人合一"的理论解释人在宇宙间的地位和作用:

> 唯天下之至诚为能尽其性;能尽其性则能尽人之性,能尽人之性则能尽物之性;能尽物之性,则可以赞天地之化育;可以赞天地之化育,则可以与天地参矣。
>
> 其次致曲。曲能有诚,诚则形,形则著,著则明,明则动,动则变,变则化,唯天下之至诚为能化。

《中庸》对"诚"的作用做了无限夸大,使之神秘化。这种倾向在汉代没有引起注意,当然也不会产生社会影响,而被搁置起来。只是经历唐宋几代人的发挥解释,更主要的是时代的需要,人类认识的深化,心性论不断从佛、道二教的著作中得到充实,《中庸》的价值又重新被认识。

《四书集注》的历史地位和作用，可以从以下几个方面来考察：

第一，《四书集注》吸收了唐宋以来的文化积累，达到了当时可能达到的理论高度，建立了完整的儒教体系，它把各等级的人排到一个被认为适当的社会位置上，建立了对封建社会成员的全方位的岗位教育，对安定社会起着极为重要的作用。

第二，《四书集注》是一部强化内心修养，涤除心灵杂念的儒教经典。它把"正心诚意""主敬""守一""格物致知""存诚"作为人生修养内容，最终目的在于教人成圣贤，使人们在社会生活、人伦日用之中得到精神解脱。"极高明而道中庸"贯彻"内圣外王"之道。

第三，《四书集注》打破传统注释的旧模式。简明通脱，新人耳目。宋儒自称得尧、舜、禹的"心传"及文、武、周公、孔、孟以下千古不传之秘。朱熹的注解，有的有根据，有的根据不多，也有的直抒胸臆，甚至不要古代书本的根据。它的特点是摆脱依傍，不受古人的束缚。

司马光《论风俗札子》中说：

> 新进后生，未知臧否，口传耳剽，翕然成风。读《易》未识卦爻，已谓《十翼》非孔子之言；读《礼》未识篇数，已谓《周官》为战国之书；读《诗》未尽《周南》《召南》，二谓毛、郑为章句之学。读《春秋》未知十二公，已谓《三传》可束之高阁。（司马光《传家集》卷四二）

司马光对当时学风不满而发牢骚。其实不能责怪"新进后生"们，当时青年学者的这些疑古倾向，也是跟他们的前辈们学来的[1]。

---

[1] 疑古代经典在北宋已成为风气，疑《周易·系辞》非孔子所作的有欧阳修；疑《周礼》的有欧阳修、苏轼、苏辙；疑《孟子》的有司马光、李觏；疑《尚书》的《允征》《顾命》的有苏轼；疑《诗序》的有晁说之；王安石贬《春秋》，他的《三经新义》，抛开旧传统，独标新解。南宋朱熹疑孔安国《书序》是魏晋间人作。

第四,《四书集注》被指定为国家教科书,元明清各代用来开科取士,作为选拔政府官吏的标准。除了利用它的学术影响,它还得到历代政府强迫性的灌输。读书人参加国家的各级考试,不能背离《四书集注》的观点,否则难以被录取,这也是《四书集注》流传久远的一个因素。

如果汉代的经学称为前一时期的神学经学,后一时期的经学可称为"儒教经学"。前一时期的经学以宇宙论的形式出现,后一时期的经学(儒教经学)以心性论的形式出现。中间经过魏晋南北朝佛教经学的补充,使儒教经学增加了体现时代特点的新内容。它超越了宇宙论和本体论,上升到心性论的理论高度,它达到了中国封建社会经学的高峰,同时也表明中国封建社会的经学已走到了尽头,经学的历史使命已完结了。

具有中国民族形式的宗教
——儒教[*]

[*] 据《任继愈学术文化随笔》。原载《文史知识》1988年第6期。曾收入《儒教问题争论集》《皓首学术随笔》等。

孔子是儒家的创始人。孔子以前已有以儒为职业的，但他们还不成为学派。孔子一生从事教育事业，开门授徒，以他的思想体系教人，于是中国出现了一个学派——儒家。孔子和儒家有不可分割关系，是大家公认的。后来宋朝兴起了儒教，儒教奉孔子为教主，教主出现在孔子死后若干年，孔子对此不负任何责任。儒家与儒教不是一回事。

北周时已有"三教"的说法（三教指佛教、儒教、道教），北周国祚短促，没有引起注意。隋唐时期"三教"之说已很流行，唐朝凡遇国家庆典，诏"三教"辩论于殿廷。儒、释、道三教为自己的"教"争荣誉、争地位，都推派代表积极参加。

唐朝有不少排斥佛教、道教之人,最为人所知的有韩愈。韩愈排斥佛教(也反对道教),其目的在于用儒教代替佛教和道教,为儒教争地位。像韩愈这种主张的人,唐朝占少数,社会上多数人承认三教鼎立这样的事实,认为孔子、释迦牟尼、老子都是"圣人",都值得尊敬[1]。释迦牟尼的身份从南北朝起,人们已不把他当作外国人看待,佛教经典也取得与儒家经典同样合法的地位,建立了"佛教经学",普及程度超过了儒家经典。

儒教成为完整形态的宗教,应当从北宋算起,朱熹把它完善化。多年来人们习惯地称为理学或道学的这种体系,我称之为儒教。这不是什么名词之争,它实在关系重大。为了说明事实,先从中国的国情说起。

唐虞三代的历史资料留下来的不多,我们只从秦汉说起,秦汉奠定了后来两千多年的政治格局,即统一的中央

---

[1] 三教鼎立,孔子、老子已被看作教主,地位与先秦的孔子不一样了。

集权的封建专制制度。秦汉以后的许多朝代，直到清末，都是沿着这条路线向前走的。两千多年来也有分裂的时候，不过为期不长，即使分裂期间，从人民到统治者都认为是不正常的现象，统一才是正常的。两千多年贯串着一对基本矛盾：政治上的高度统一，经济上的极端分散。封建经济是一家一户为生产单位的自然经济，产品为了自己消费，不为流通。经济交流、手工业品基本上是封闭的，只有供上层贵族享用的奢侈品带有全国性的流通，南海的珍珠、丝绸，北方的毛皮都集中到宫廷贵族手中，丝绸之路还远达欧洲。但这也限于奢侈品，不能与后来资本主义时期的商品相提并论。

　　自然经济的特点是封闭型，分散经营，不希望政府过多地干预。中国秦汉以后是统一的大国，从政治上要求集中权力。多民族，地区广大，如果政令不一，就难以达到统一的目的。中国中原地区进入封建社会比较早，生产也比较发达，周围的地区有些民族还处在奴隶制甚至原始社会，双方难免发生掠夺性战争。为了保证国家的生产正常进行，客观上也需要有一个强有力的中央政府来维持安全繁荣的局面。政治上的高度统一，是客观需要，经济上的极端分散又是客观现实，它是自然经济的本性。政治的集中与经济的分散，这一对矛盾如何协调，不使它畸轻畸重，便成了历代统治者关心的大问题。儒教在这里起着重要作用。

封建社会靠什么统治？像中国这样纵横数千里、上万里的大国，光靠武力、政治的权力是办不到的。除了政治军事力量以外还得有宗教来配合。世界上三大宗教都是在封建社会发展起来的，这不是偶然现象。封建社会需要宗教。如果仅仅是个人的需要，它带有主观因素和偶然性，可以不必太注意；如果出自社会的需要、国家的需要，这就不能看作主观的、偶然的，它便具社会性、群众性、客观性。宗教的产生和流行，即出于社会客观的需要。儒教就是出现在中国古代这块土地上的特殊宗教，只有中国才能有的宗教。

宗教之所以为宗教，有它的本质部分和外壳部分。外壳部分，是它的组织形式、信奉的对象、诵读的经典、宗教活动的仪式，等等。这些方面，因教而异，各不相同。宗教之所以为宗教，还有它的本质部分，本质指它所信仰、追求的领域是人与神的关系或交涉。用中国古人习惯的说法即"天人关系"。宗教涉及的范围既在社会生活之内，又在社会生活之外。宗教要处理现实生活中的吉凶祸福问题，同时又要借助超现实的外在力量。"天人关系"涉及两个对象，"天"和"人"，两者之中，有一头是虚设的——天；有一头是实在的——人。这必然造成它的虚构性与实践性两者的奇特联系。

有没有一个创造世界的主宰者，创造世界的主宰者是什么形象，是慈祥还是严厉，是中国人还是外国人，有形还是无形[1]，这都不重要。宗教与哲学都在讲人生和社会的根本问题，但两者的立场和方法不同。哲学用理性、思辨

---

[1] 佛教、基督教有圣像供奉，伊斯兰教无圣像，道教不承认有造物主。

的方式，去探索、分析世界和人生的根本问题，宗教以信仰和直观来探索、解决世界和人生的根本问题。哲学至少承认有些问题还搞不清楚，不便贸然下结论，宗教不承认有解决不了的问题，也没有搞不清楚的问题，人生中遇到的一切疑难杂症，宗教都能手到病除。由于有这样的差别，哲学从宗教中分离出来以后[1]，与科学的关系变得密切；宗教从本质上与科学对立，因为信仰主义不允许怀疑，崇拜的对象决不允许被当作研究的对象，它走的是一条非理性主义的道路。也有的宗教哲学用理性主义的形式把人引向信仰主义，比如佛教中某些流派就是用思辨的手段，把人引向信仰主义的。理学，我称之为儒教的，就是这样的一种以理性主义为手段，最终把人引向信仰主义的宗教。宋儒教人读书要善于怀疑，朱熹关于读书法讲了很多有价值的经验。但不允许怀疑人为什么要孝，为什么要忠。对忠

---

[1] 在欧洲是近代以后的事，中世纪时期，哲学在宗教的包容下才能存在。

孝发生怀疑，等于禽兽。王阳明算是最大胆的反传统的怀疑者，敢于对孔子的话进行思考后才相信，不盲从。但王阳明也不敢怀疑人是否要忠、要孝。他认为忠孝是天性，是良知所赖以发生的根菱。

宗教提倡禁欲主义，并有一系列遏制欲念的训练方法，儒教也是这样，"惩忿、窒欲"是儒教修养的一项基本内容。哲学教人服从真理，为真理而斗争。朱熹遇到小人当道，对他进行压迫时，他没坚持斗争，把上奏皇帝进行申辩的稿子销毁，自称"遁翁"，这是他占卜完受到神明的启示后做出的决定[1]。主宰命运的是"天"，不是"人"。对待"天人之际"，最后屈人以顺天。

儒教除了具有宗教的一般本质以外，儒的外壳，也有宗教的特征。它信奉"天地君亲师"。君亲是封建宗法制度

---

[1] 朱熹《周易本义》开头讲占卜仪式，说："日炷香致敬……筮者斋洁衣冠北面，盥手焚香，致敬……命之曰：假尔泰筮有常，假尔泰筮有常，某官姓名，今以某事云云，未知可否，爰质所疑于神于灵，吉凶得失悔吝忧虞，唯尔有神，尚明告之。"

的核心;《四书》《五经》《十三经》是儒教共同诵读的经典;祭天,祭孔,祭祖,是封建宗法制下,自天子到老百姓按等级制度举行的儒教祭祀仪式。童蒙入学塾读书,开始接受儒教的教育时,对孔子牌位行跪拜礼[1]。从中央到地方各州府县都建立孔庙,为孔教信徒定期聚会朝拜的场所。它是一种中国自己培养起来的宗教,以封建宗法制为核心,吸收了佛教、道教中的一些宗教修养方法(如禁欲主义、静坐反省)。它千百年来,培养、锻炼出了大批忠、孝的典型,载入典册、铭于金石、祀于廊庙。儒教虽然有时以反宗教的面貌出现,但实际上是适合封建宗法制的民族形式的宗教,它以更加入世的姿态把人们引入信仰主义、蒙昧主义、偶像崇拜的死胡同。

儒教建立后,历代政府用行政命令推行它的主张,用科举考试鼓励青年人钻研诵习,耳濡目染,使宗教社会化,把俗人变成僧侣。

---

[1] 鲁迅记述他幼年入学,在三味书屋拜师礼,还未改。

从程门立雪看儒教[*]

---

[*] 据《任继愈学术文化随笔》。原载《群言》1993 年第 2 期,曾收入《儒教问题争论集》等。

从程门立雪看儒教

1992年《群言》第8期,有张岱年先生的"辨程门立雪",澄清了以讹传讹的事实,如实表述了程门师生关系,对时下学术界不求甚解的学风多所纠正,文章写得很好。

现在,我试图换一个角度来谈谈程门立雪。弟子们肃立在老师身旁达两三个小时之久[1],老师瞑目而坐,是闭目养神?打瞌睡?还是在干什么?

据记载,河南程氏兄弟(哥哥程颢,弟弟程颐)同时讲学,传授同一批弟子,他们治学方法基本相同。只是两

---

[1] 按华北中等降水量计算,雪深一尺,至少要下两三个小时。

人的性格有差异，哥哥程颢为人平易近人，弟弟程颐为人严肃，弟子们见了有些怕他。程颢死后，程颐继续教授他们的门徒。

> 伊川见人静坐，便叹其善学。(《伊川学案》)
> 明道(程颢)终日坐，如泥塑人。(《明道学案》)
> (谢良佐)往扶沟见明道，受学甚笃。明道一日谓之曰："尔辈在此相从，只是学某言语，故其学心口不相应，盍若行？"请问焉。曰"且静坐"。(《上蔡学案》)

程门培养学生一方面是知识教育，一方面是德性教育。程伊川归纳为两句话：

> 涵养须用敬，进学在致知。

进学指读书、讲史、体会经书中的道理。《二程遗书》中有关儒家经典的注解、阐发都属此类。程颐的《易传》是程氏释经的代表作。此外，对《论语》《孟子》《大学》《中庸》的解释，都属于致知方面的教材。

致知不在于教人增长见闻，而是以读书为门径，达到成圣成贤的目的。

涵养用敬，在于培养学者的德性，通过做功夫，体验圣贤的精神境界。进学与涵养不可偏废，但涵养比读书更重要。程伊川认为精通经史、学识广博、文章华美，都是致知范围，如果缺少涵养用敬功夫，就算不得真正有学问。苏轼与程颐同朝为官，彼此相识。程颐认为苏轼不过是个文人，缺乏涵养功夫，离圣贤境界甚远。苏轼也讥笑程颐迂阔、顽固、食古不化。

《中庸》是程伊川大力推崇的经典[1]。《中庸》说"喜怒哀

---

[1]《论语》《孟子》《大学》《中庸》称为"四书"，其地位与"五经"并列，首先推动者是程伊川。

乐未发谓之中，发而皆中节谓之和"。程门教人静坐、反思、体认圣人"中和"气象。这是一种内心自我调节的精神训练，要求既不着意去思虑（佛教谓之非想），也不排除思虑（佛教谓之非非想）[1]。经过长期训练，使人保持心理上的绝对平衡，超常安定。类似这种训练方法，佛教谓之"禅定"，道教谓之"坐忘"。唐宋以降，佛、道都宣传这种宗教修养功夫，缺少这种功夫，就不配跻身学林，更难进入圣域。

佛教、道教的宗旨都教人疏远社会生活，摆脱家庭关系。儒家教人既要有超出凡俗的精神境界（中和境界），又要以这种精神境界为基础，积极参与社会活动和家庭生活，儒家提倡增强个人身心修养，以超凡脱俗的精神境界参与治国平天下的入世活动。把内在超越与外在社会活动融为一体，从而实现完美无缺的人生价值。这也就是儒家标举的"内圣（个人修养）外王（平治天下）之道"。

程氏教育门人的修养方法并非独创，它反映了隋唐以

---

[1] 人们通用的"想入非非"的典故来自佛典。

来佛教、道教长期流行的宗教修养思潮。司马光与程颐不同道，他的修养方法是静坐时，集中意念，沉思一个"中"字。与程氏兄弟同时的张载、邵雍等人，各有一套与程氏静坐大同小异的精神修养方法。

从南北朝到隋唐，几百年间，佛教道教势力远远超过儒家，二教的精神修养方法恰恰又是孔、孟和汉代儒家所缺乏的。唐以后的儒家为了在激烈的三教斗争中取得立足之地，不得不吸收二教的精神修养方法来充实自己，从而形成了新儒家（New-Confucianism），也称为儒教。程门立雪的故事，一方面说明儒家尊师重道精神，另一方面也表明当时儒家确实受佛道二教影响，把二教的宗教修养方法纳入儒教中来。

儒教是不是宗教，国内学术界有不同的观点，有人认为是宗教，有人认为不是。形式上儒教显然与现在流行的世界三大宗教不同。如果从宗教实质来看，它具有宗教实质。宗教形式包括教团组织、宗教教义、崇拜对象、诵读的经典、固定的教徒等，儒教都有。宗教实质是它对现实世界的超越性。相信西方净土、死后进入天堂，是宗教的超越性,这是一种外在的超越。还有一种超越性,不必到另外世界寻求超越,只要在现实生活中改变一下世界观,即可超凡入圣。把宗教世界观的内在超越发挥得最充分的是中国的禅宗。禅宗宣称,一悟即菩提,一迷即凡夫。求佛解救,不如自己解救。禅宗说,"运水搬柴,无非妙道",成佛不必去西天,当下即可成佛。像禅宗内在超越观,儒教完全具备。儒教说,既然运水搬柴都是妙道,可以见性成佛,那么事父事君,过正常的社会生活为什么不能成圣成贤呢?只在日常生活中,"存天理,去人欲",不断涵养用敬,自然可以提高人们的思想境界。境界不同了,尽管行为看起来和一般人没有什么不同,但境界上有凡圣的差别。宋代以后,建立的儒教就是特别强调人们精神修养、内在超越的具有中国特色宗教。儒教对中国社会起着稳定封建秩序、延缓封建制度解体的作用。宗教通过有效的政教合一的完备体制,也增强中华传统文化的传播和普及,对民族的凝聚力起过积极作用。到了近代,儒教也起过妨碍现代化的消极作用。

朱熹的宗教感情[*]

---

[*] 据《任继愈学术文化随笔》。原载《群言》1993年第8期。曾收入《儒教问题争论集》。

朱熹的宗教感情

说朱熹是一位影响深远的哲学家，学术界对此没有不同意见，说朱熹是宗教家，还有争议。

人们习惯公认基督教、佛教、道教、伊斯兰教是宗教，凡是不像上述宗教的信仰和组织，不被认为是宗教。现在我们按照实事求是的原则，暂且抛开习惯的尺度，看看宗教之所以为宗教，有哪些必备的内容。

宗教与哲学都属于上层建筑的最高层，神的存在不是论证出来的，古代有名的关于"上帝存在的证明"，都没有完成它的"证明"的任务。因为上帝的存在，来自信仰，而不是来自论证。信仰，不允许怀疑，不能问个"为什么"。越是最根本的问题,越不允许怀疑。哲学的根基是理性,是系统论证,哲学鼓励人们去问个"为什么"。

隋唐时期三教并立,各立门户。北宋建国,儒教吸收佛、道的某些内容,用来充实自己,以"三纲五常"为核心信仰内容,融合佛教、道教的心性修养、禁欲主义,建立新体系。儒教奠基于北宋的二程,完成于南宋朱熹。儒教以"三纲"为信仰核心。"三纲"是永恒存在、万世不变的准则。根本不允许怀疑,更不允许讨论。"三纲"的秩序,是人类社会的秩序,也是宇宙的秩序。

朱熹树立了儒教的"圣经"——"四书"[1],捧出了儒教的教主——孔子,组织了儒教的教团及传承世系——儒教集团,建立道统说。朱熹以毕生精力注解"四书"并取得

---

[1] 宗教经典,文字不能太长,要使人便于传诵。儒家的"五经",文字多,不易记,不易懂。如"五经"中的《尚书》,就难读,难记,《诗经》内容杂,《春秋》简略。世界上几个大的宗教的经典,《古兰经》《新约》《旧约》,文字都不多,便于记诵。佛教经典数量大,但流行于信徒中,普遍传诵的经典也是一些小型经,如《般若心经》只有几百字。

儒家经典的解释权，借助政府力量予以推广，订为国家教材，为全国知识分子所必读。这为儒教的合法传播打下基础。

孔子不幸被捧为儒教教主，和老子被捧为道教教主是一样的遭遇。孔丘的"丘"不能读"qiū"，只能读作"某"，以表示避讳[1]。隋唐时期，孔、老、释迦并称"三圣"，三人中只有释迦这位教主，当之无愧，孔、老二位遭到无妄之灾。

朱熹奉孔子为教主，把孔子捧为神。朱熹对孔子的信仰出自真心实意，他相信孔子在天有灵，随时监察、倾听着后世儒生的言行。朱熹二十四岁开始做官（同安主簿），为文以告先圣。从此以后，数十年间的每遇重大事件，如任命新的官职，建成讲学书院，修建藏书楼上梁开工，朱熹主要著作刊布发行，辞官卸职，甚至处罚不好好学习的

---

[1] 元代丘长春是元初有名的道教领袖人物，白云观有个丘祖殿，后人为避孔丘的讳，把丘长春改写为邱长春，"丘祖殿"改写成"邱祖殿"。

弟子，都要为文告先圣（孔子）。

供奉先圣及先贤的仪式也仿照佛道二教的方式，设神像，月旦望率诸生拜谒，"设香火之奉"。朱熹看到当时"敬畏崇饰而神事老子释氏之祠"，很不以为然，他曾利用当地方官的机会，没收了五所佛教寺院的庙产，划充儒家学田[1]。

朱熹文集中，把孔子当作神，大小事必有"告先圣文"，其次是祭告各地先贤祠堂文，这类文章数量也很多。

其次是祭社稷、祈雨、谢雨、止雨、祈祷山川神祇的文章。

还有祭告家庙、焚黄，敬祀祖先的文章。此外还有祭土地、祝岁，占卜，求神明指示吉凶、定行止的文章。

朱熹忠于孔子，不只是一般学术上的信奉，而是有着宗教徒对教主的虔敬。这种思想感情是人类历史进步到中

---

[1] 见《建宁府崇安县学田记》。

世纪阶段普遍出现的。西方奥古斯丁[1]、安瑟伦[2]与朱熹时代前后相去不远,他们所关注的问题是如何拯救心灵,使之净化,存天理去人欲,免遭外诱,避免沉沦。可谓东圣西圣若合符节。

学术界"五四"以来多议谈中西文化之异同,此类文章多只着眼于地区间的差异,他们以今日的欧美与中国传统文化相对比,却忽略了他们所谓中国传统文化是未完全从中世纪神教迷雾中解脱出来的古老文化。把中世纪的中国传统文化与现代的欧洲文化对比,是不妥当的。

---

[1] Aurelius Augustinus(354—430),欧洲中世纪神学家,主张"理解为了信仰,信仰为了理解","上帝是真理,是万物终极之真理",是"至上的善"。著有《忏悔录》等。

[2] Anselnus(约1033—1109),欧洲中世纪神学家,提出上帝存在之"本体论证明"。主张"一般"作为独立存在的第一性实体,个别事物是第二性的。

中国的宗教与传统文化

任继愈谈儒家与儒教

自从人类脱离了蒙昧时期，就产生了宗教。宗教是人类社会发展必须经历的过程。据现在的社会普查表明，世界上还没有发现哪一个国家或民族没有宗教的，虽然各自有不同性质的宗教信仰，是多样的，但不是统一的。

中国古代的宗教是"儒教"。这是在它的发展成熟后给予定名的，在成熟之前，已有一些后来儒教的基本要素、基本信仰的神灵。

从发展的道路来看，我把它分为：

第一阶段：前儒教——殷周开始到春秋战国。

第二阶段：准儒教——汉代到隋唐。

第三阶段：儒教——宋到"五四"时期。

前儒教：提出了以昊天上帝为信奉中心。祖先崇拜，图腾崇拜以及地方巫术，都纳入这一上帝信仰之下。

准儒教：推出了以孔子为教主的经学神学系统。魏晋南北朝建立了"三教"。三教并立，儒教入世，佛、道出世，共同教化天下。三教都尊奉中国的忠、孝三纲原则。最上神，三教分立，未统一。

儒教：宋以后，三教合一已成定局，儒教占有绝对优势，将佛、道二教的心性、宗教修炼方法吸收进儒教。汉朝定儒为一尊，后来佛、道兴起，儒教的一尊地位受到挑战。但儒教占政治的优势，并采取吸收、融化的方式，终于从三教鼎立到三教合一，以儒教为核心，建成完整的儒教体系。

（一）儒教以上帝为最高神，下面包括地上百神、祖先神、圣贤神孔子三大系统。不能因为中国儒家有了众多的神，就称它为多神教，因为众神的地位是不同的。儒教的根本历史作用，和其他各大宗教一样，都是用神学论证、保证君权合法性——"皇权神授"。从殷、周到袁世凯、溥仪称帝，都用"神权"为"皇权"作论证。祭天是最隆重的国家大典（等于西方帝王的加冕）。

（二）儒教最成功地完成了"政教合一"的体制。西方教皇与国君是两个人，会引起政教之争。中国儒教则不同。从尧舜以来，天子既是政治领袖，又是宗教领袖，没有政教之间的斗争，而是融合无间。秦汉以后，长期稳定的大国，没有分裂（短期分裂只是例外，被认为是乱世，不正常），与中国儒教的政教合一体制有关。

（三）儒教发生在统一的、多民族的大国。它具有高度的包容性，兼收并蓄其他地方宗教、地区神，把它们安放在适当的地位。诸神并存，共同拱卫着至高无上的上帝（昊天上帝）。多民族的凝聚力也反映在多神向昊天上帝的凝聚力。

（四）社会不断发展，五千年的文明古国不断产生新的事物，社会上产生新的矛盾，人民生活中也会不断有新问题。儒教通过它的宗教教义，不断给予新诠释。中国古代儒教经典中只有《四书》《五经》，但关于《四书》《五经》的注疏、诠释数量极多。古人"以述为作"，述也是作。"诠释"的作用极大，中国古代文化遗产主要是借诠释来完成的。

（五）中国传统文化，在长达两千多年的政教合一的政体下不断完善，并通过行政手段，有效地保证其宗教思想的贯彻执行，运用强大的综合国力，对世界文化做出了贡献。但中国传统文化之中，精华与糟粕并存，对其所具有的消极内容和消极作用，在改革开放的今天，仍应有清醒的认识，并认真加以剔除。

（六）儒教的宣传机构及传教方式十分完备，既有高度抽象思维的哲学思想，究天人之际，极高明而道中庸，也为一般信奉者提供通俗的宣传形式，如宝卷、劝善文，结合民间文艺、通俗故事，宣讲忠孝节义的人物，吸收了佛教因果报应学说。连穷乡僻壤不识字的人，也用竹篓收拣写过字的废纸，因为上写着"敬惜字纸"。这说明他们把经书上的文字看作具有神圣性。

（七）天坛祭天，先农坛祈祷丰收，关心农业是从天子到地方官员共同关心的宗教仪式。天旱不雨，地方官祈雨，是神事也是民事，这也是儒教政教合一的表现。

（八）儒教的发生、发展，为了研究的方便，虽可分为前儒教时期、准儒教时期及儒教时期，但有一条线索贯穿始终：它是中国这块土地上的文化结构，是连续不断地发展起来的。研究儒教，也是研究它的宗教仪式，儒教称之为"礼"。不注意儒教中关于礼的宗教性、神秘性，是无法了解礼的实质的。学术界多强调儒教对天命鬼神存疑的一面，而忽略儒教对天命鬼神崇敬的一面。朱熹对天命鬼神的虔信程度，绝不亚于佛教徒对"佛"的虔信。

只有深入研究儒教，才可从全局把握中国传统文化要义，触类旁通地说明古代政治、经济、军事、法律、哲学、艺术以及科学领域的根本思想。这是中国传统文化的主线索，它具有全局性的战略意义，是认识中国国情的基础。以此为契机，对进而认识儒教文化圈的其他相邻国家的国情也有重要意义。

中国的国教[*]

[*] 据《竹影集》。原为《中国儒教史》序。曾发表于《中国哲学史》1997年第4期,收入《儒教问题争论集》《任继愈宗教论集》。

儒教在南北朝时与佛、道二教并称为三教。这三教都具有辅助王化、整齐民心的社会功能，都受到政府的重视和支持。

儒教的名称是后起的。孔子为儒家的创始人，属诸子中的一个流派。春秋以前中国已有自己的传统宗教，但这种宗教信仰，尚未有固定的名称。

中华民族自从开始在黄河、长江流域活动之日起，就产生了自己的宗教。这种宗教以部落神、氏族英雄人物为崇拜对象。相传黄帝是发明舟车、宫室、衣服等器物制造的神，还创制了文字。炎帝、神农发明种植、医药，伏羲发明家畜驯化，燧人发明用火，他们是人，也是神。中国古代民族信仰，往往是氏族领袖，死后为神，受到本族祀奉，带有氏族、宗族的印记，带有乡土气息，与西欧古代神话传说不大相同。

中国古代的祭祀，祖先祭祀与天帝信奉相伴相随，纠结在一起。随着地上王国的组织形式日趋完备，上帝的轮廓、形象如影随形，也日趋完整。祭祖先，敬天神，二者紧密纠结胶固，凝为一体，构成中华民族传统信仰的核心。归纳为"敬天、法祖"。

中华民族活动生息的基本地区以长江、黄河流域为基地。由于内外地势的变化，有时向外辐射的远一些，有时向内收缩一些，但总的范围不出长江、黄河两大流域。这是中华民族五千年来生存、栖息的地区。

秦汉以后，以长江、黄河流域两大地区为中心，组成了多民族统一的中央集权大国，这种大国统一的格局保持了两千多年，直到今天。由于社会的变革，文化的发展，国内外的经济文化交流，这个多民族的统一大国在政体、组织形式、领导集团有过多次改变。秦汉统一后，多民族共同组建的统一大国，并不是一帆风顺的。几千年间，它遭受到内忧外患，政权经过多次更迭，社会经经过无数动荡，民族之间融合协调成为基调，也有过短暂的战争。总之，秦汉以后的中国两千年的经历极不平凡。因为，人民已习惯于在中央高度统一的政权下生活。因为统一大国可以给人民带来实际利益，比如说，在国家有效统一下，消灭了内战，太平盛世，老百姓百年不见兵戎，可以安居乐业地过日子。只有国家失去有效管制时，才发生战乱，生命财产无保障，甚至发生人相食的惨剧。国家发生大水灾等自然灾害是难免的，统一大国，可以借国家的力量调剂各地丰歉，从而避免人民流离失所。国家统一，可以调动全国人力抵御外来侵略势力；国家统一，集中全国人力、物力兴建大规模的物质建设及文化建设。如修长城，开运河，整治大河河道，进行重大项目的文化建设，修纂大的文化典籍，如《永乐大典》《四库全书》，远非一区一地的人才所能胜任，要集中全国人才，协同攻关，才能产生第一流的成果。

　　同时还要看到,古代中国是自然经济结构的小农经济,以一家一户为生产单位,生产的产品除了供全家消费,所余无几。正是借助统一大国的高度集中,把分散、零星的少量财富集中起来,聚沙成塔,集腋成裘,充分发挥大国的综合国力,才能办成几件大事。历史上大国统一,给人民带来了某些不便,但几千年的实践表明,广大人民对统一大国的格局是拥护的、支持的,并在思想观念上取得共识,广大人民一致认为统一大国是正常的,分裂、割据是不正常的。即使在某一阶段处在南北分裂时期,割据者也认为应当统一,要求结束不统一的局面。

　　在这样一种总的政治形势下,中国的哲学、文学、史学及宗教,都在各自的思想领域发挥了它们上层建筑的作用。

　　从秦汉到鸦片战争,中国历代王朝都努力加强有效的大一统的政治管理,努力建立完善、合理的社会秩序。他们除了调动政治、法律强力的工具外,还要调动思想、文化的教化作用，配合政治、法律的不足。也就是说，法治与教化两者相辅相成。

儒教是在中国这块土地上生存了几千年的土生土长的宗教。在秦汉以前，已经提出"敬天、法祖"的信仰核心。秦汉以后，国家形势日趋完备，地上王国的神光曲折地反射到天上，天帝的形象也日趋完备。天神除了司祸福、赏罚，还要管理人们的内心活动、行为动机。佛教、道教、儒教都从不同的角度，为这个大一统的封建王朝制度的合法化、合理化构建理论体系。

中国人民接受、支持、维护这个大一统的国家制度。佛、道、儒三教不但没有提出异议，而且论证其合理性。在国法中体现天理：忠孝是出自人类天性；不忠、不孝，不但不能成佛、成仙、成圣贤，甚至也不足以为人类。

儒教在古代曾有过功劳，因为它为巩固大一统的封建王朝起过积极作用。古代封建大一统的成就已经证明这种制度是符合中国历史法治的实际需要的，为这个制度服务的儒教的功绩不可不给予足够的肯定。

中国传统宗教的核心信仰是"敬天、法祖",秦汉以后的中国传统宗教核心信仰是"忠孝"三纲。忠孝、三纲的信仰与"敬天、法祖"的古代信仰一脉相承,只是把敬天法祖的宗教内容完善化,从而更能适应大一统国家的生存要求。

先秦敬天法祖的信仰,与当时中央政权的统治不够集中、中央统摄力还不够强大的政治形势相配合。秦汉以后,地上王国势力强大了,上帝的统摄范围也扩大了,不但山川、日月,连人们的内心活动、一念善恶也要受宗教思想的管束。

秦汉以来,由皇帝直接管理天下的郡县,参与管理的有丞相、三公。但皇帝经常受到大臣、权臣的干扰,甚至有时发生宫廷政变,皇权会遭到篡夺。为了加强中央集权,巩固社会秩序,宋朝以后,政府加强了儒教的教化作用。宋以后,再也没有权臣,没有篡臣。儒教以教化力量巩固了中央集权的稳定性。曹操在唐以前有能臣的形象,宋以后,曹操成为奸臣;扬雄在唐以前的文化思想界有较好的声望，宋以后，由于扬雄做过王莽的官，声望下降。特别是明清两代，以科举取士，官方用考试制度强力推行儒教思想，以宋儒程朱思想体系作为取士的准绳，等于用行政命令强化普及儒教信仰。科举考试是明清两代读书人仕进的必由之路，凡是走这条路的士人都要系统地接受儒教思想的培训，这对儒教的普及起了有力的作用。

中国的儒教还有另外的特点：高度的政教合一，政教不分，政教一体化。皇帝兼任教主，或称教主兼皇帝，神权、政权融为一体。儒教的教义得以政府政令的方式下达。朝廷的"圣谕广训"是圣旨，等同于教皇的敕书。中世纪欧洲的国王即位，要教皇加冕，才算合乎天意。中国的皇帝即位，只要自己向天下发布诏书就行了。诏书开首必以"奉天承运，皇帝诏曰"开始，皇帝的诏书同时具有教皇敕令的权威。

儒教是中华民族特有的传统宗教，凡是生活在中国这块古老土地上的各民族，包括汉族以外的少数民族，如北方的辽、金、元，西夏及清，都以儒教为国教，把孔子奉为教主（这是孔子生前没有料到的，正如老子被道教奉为教主没有被老子料到一样）。

儒、佛、道三教同为古代传统宗教。唯有儒教利用政教高度结合的优势得以成为国教，儒教的神权与皇权融为一体，不可分割。一旦皇帝被打倒，皇权被废除，儒教也随着一同衰落。行政命令打不倒宗教，早为历史所证明。但政权是可以更迭的，皇帝是可以被打倒的。儒教与皇权融为一体，所以才随着皇权的废除而不再行时。反过来看看佛、道二教，当初没有儒教那么显赫，儒教消亡后，佛、道还能继续存在。宗教思想的存在有其长期性，儒教中"敬天法祖"的宗教核心部分，今天还在中国人思想中有影响，而"三纲"思想今天存在的地盘大大缩小，消失殆尽。

按儒教发展进程，大致可以分作以下几个阶段：

（1）前儒教时期——秦汉以前；

（2）准儒教时期——两汉；

（3）三教并立时期——魏晋、隋唐；

（4）儒教形成时期——北宋（张、程）；

（5）儒教完成时期——南宋（朱熹）；

（6）儒教凝固时期——明清。

我很高兴地看过李申同志写成的《中国儒教史》（上）的手稿，觉得李申这部书稿为研究中国文化史、思想史、哲学史打开了一堵墙。曾经这堵墙，堵住了我们的视野。

我们正面临开放的新时代，中华民族正满怀信心地走向世界，我们有吸收外来文化充实自己的优良传统，又有故步自封的保守习惯；有应当保护的民族文化瑰宝，又有黏附在瑰宝上的污垢。创建社会主义新文化大厦，先要清理好我们古老的地基。对中国自己的古老文化，也要用马克思主义历史唯物主义重新评估，我们学术界对中国传统文化进行了大量研究，成绩卓著。唯独对影响中华民族的伦理观、价值观没有给予应有的注意，以致有许多本来可以发现的道理，没有被发现。不研究儒教，就无法正确认识中国的古代社会。经过多年的思考，我相信这不是危言耸听。

李申同志好学深思，研究儒教有年。他这部书稿的出版，必将为中国宗教史的研究开创一个新境界，给研究中国文化史提供一条新思路。

思想体系是一个民族全部物质生活、文化生活的一面镜子。儒教是中华民族土生土长的宗教，道教也是中国土生土长的宗教，但道教没有成为国教。道教影响也很深远，在文化思想领域内，即使在它极盛的时期，其势力还不及佛教，更不能与宋明以后占绝对统治地位的儒教相比。只有承认儒教的存在这个事实，进而充分研究儒教的许多分支部门，才能有效地为建设具有中国特色的社会主义新文化增光添彩。

李申同志的这部著作只能算作关于儒教探索的第一步。刚刚开始，难免有开辟新领域经常遇到的困难和不周到的地方。等到引起更多学者关注以后，必将有丰硕的成果奉献给学术界。抛砖引玉，我们在期待着。

"儒家德治思想与现代社会"国际学术研讨会开幕式致辞*

---

* "'儒家德治思想与现代社会'国际学术研讨会",2002年10月24日至26日在四川都江堰市召开。

"'儒家德治思想与现代社会'国际学术研讨会"开幕式致辞

各位代表、各位嘉宾：

首先，请允许我代表中国哲学史学会向大家表示热烈的欢迎和衷心的感谢！感谢大家对这次会议的大力支持！同时，我也对会议筹备组出色的工作，表示衷心的感谢！

我们这次会议的主题是"儒家德治思想与现代社会"，应该说这是一个老题目，一个大题目，还是一个新题目。说它是个"老题目"，意思是"说来话长"。儒家创始人孔夫子早在两千五百年前就明确提出德治思想，他说："为政以德，譬如北辰，居其所而众星共之。"（《论语·为政》）又说："道之以政，齐之以刑，民免而无耻；道之以德，齐之以礼，有耻且格。"（同上）以后历代儒家大师都继承孔子的德治思想，大力倡导，大力阐发，使其成为儒家名副其实的传统观念。德治讲了两千多年，当然是个老话题。我说它是个"老话题"，丝毫没有贬义。儒家讲了这么多年，确实是有其道理存在。它表达了一条重要的政治学原理：离开德治，只靠强制手段，不可能治理好国家。大量的史实早已验证了这条原理的正确性。

说它是一个"大题目"，意思是"意义重大"。儒家德治思想是作为一项治国方略提出来的，关系到国家长治久安、稳定发展之大计，当然意义重大。我们研究儒家的德治思想，可以说是古为今用，也就是继承和发扬先人的经验和智慧，弘扬优秀的传统文化，来治理好我们的国家。

说它是一个"新题目"，意思是"常讲常新"。德治思想虽说是儒家提出的老话题，可是我们站在现代的角度来讲，还是可以讲出许多新意来，还是大有文章可作的。以前由于受"左"的思想的干扰，我们一提到儒家的德治思想，往往是只有批判，没有继承。常说的一句话是"软刀子杀人不见血"。人们常常把反动统治者利用德治口号作为政治手腕欺骗老百姓,同儒家的德治思想本身混为一谈,并且归咎于儒家,这是不正确的。庸医用药不当,把人治死了,受到谴责的应当是庸医,而不应当是发明药的人。我们今天重新研究德治思想,首先应当清理以往的偏见,正视它的现代价值。我们今天研究儒家的德治思想,势必涉及许多新的理论问题,比如,在社会主义条件下,如何处理"以德治国"与"依法治国"的关系?我们讲以德治国的"德"是怎样一种德?怎样才能把以德治国落到实处?各位代表和嘉宾都是"好学深思之士",相信大家能提出真知灼见来。

最后,预祝大会圆满成功!

《中国儒教论》序*

---

* 据《皓首学术随笔》。曾以《把儒教放在更广阔的视野里来考察》发表于《云梦学刊》26卷（2005年）第2期。收入《任继愈宗教论集》。

《中国儒教论》序

儒教是不是宗教，中国有没有宗教，在我国古代本来不成为问题。这是从辛亥革命到"五四"前后，重新提出的一个新问题。学术问题之所以引起争论，总是由于发现了新材料（文献的、考古的）引起大家的兴趣。唯独儒教引发的这场争论，并没有发现新材料，双方的根据都是引用自"四书"，同样的根据引出不同的结论。这一特异现象，值得引起我们的注意。《韩非子》中有一个两人互争谁年龄大的寓言：一个自称与尧同年，另一个说他与尧之兄同年。双方相持不下，又举不出新的证据，只有"后息者胜"。这不是学术争论所应当采用的办法。

关于儒教的争论，既然不能从儒教本身的解释去争是非，那就不妨暂时离开"四书"（《大学》《中庸》《论语》《孟子》），试从更广泛的范围，如社会学、经济学、宗教学、人类学多方考察，把它放在更广阔的视野里来观察，可能对问题解决有所裨益。

儒教，这个具有中国古代特色的国教，源远流长。儒教的宗教信仰核心为"敬天法祖"，当它处在原始宗教形态时，已蕴涵着它后来的基本雏形，祭天、祭祖，同等重要。随着国家形态的逐渐完善、成熟，它的"敬天法祖"这个核心未变，并不断增添政治内容。古老文化五千年后半的两千五百年间，国家的形式与宗教形式结合得更紧，并把"敬天法祖"的中心信仰凝练为忠孝两大精神支柱。春秋战国开始酝酿如何建立一个包括黄河、长江流域广大地区的统一国家，当时出现了百家争鸣的局面，诸子百家都提出了如何"治天下"的问题。各家各派方案不同，但共同关心的是建立一个多民族的长治久安的体制。秦汉统一，奠定了中国两千多年从古到今的基本模式，建成了"多民族

《中国儒教论》序

的统一大国"。秦汉以来，历代的国土管辖范围以长江、黄河两大流域为基地，有时向外扩张一些，有时向内收缩一些。向外扩张时，南到广东以南的交趾，北到辽河流域的部分；缩小时，又回到长江、黄河流域中原本部。大致说来，这块土地，略小于欧洲大陆。在这样一块广土众民的国土上，栖息繁衍着不同民族的群体。环顾世界上其他几个文明古国，它们都给人类创造了精神财富和物质财富，但这些文明古国有古而无今，没有持续发展下来，有的衰落了，有的沦为殖民地。只有中华文化，古而不老，历久弥新，在此其间儒教曾有力地帮助生养繁衍的人民走过曲折道路，克服种种困难，从而不断发展壮大起来。

在封建专制且多民族的国家，忠孝既是思想保证，又是组织保证。政治信奉原则为忠，家庭信奉原则为孝。具有中国特色的封建社会，是在宗法制下的统一信仰，即忠孝。忠是对一国的最高统治者的服从原则，孝是对一家一户小农经济社会的最高原则。忠孝又是儒教在古代中国团结教育全国各族人民的实践教材。

几千年来，忠孝原则对社会起着稳定平衡作用。古代一家一户的小生产方式，效率低下，借助政府的集中统一调配才能使少量剩余产品发挥出最大效益。精神文明建设，如修纂大型丛书、工具书等；物质文明建设，如修长城、开运河、兴修跨省区水利、抗拒外来侵略、赈济农业自然灾害，都需要充分利用多民族统一集权制度，调动全国各族人民共同努力才得以完成的。这时忠孝信仰起着极大的鼓舞作用。

在忠孝教化下，儒教利用政教合一的便利优势，形成团结人民、融合各民族的纽带。儒教以外，道教、佛教，以及公元7世纪传入中国的伊斯兰教，各以自己的宗教教义与儒教密切配合，共同起着辅助王化的作用。明代中叶以后，西方基督教有几次传入，都由于没有与儒教"敬天法祖"的忠孝信仰配合，虽然多次传入，均未能立足。1840年以后，靠大炮保护，基督教才在中国生存下来。当年外来佛教传入，也曾因与中国的"敬天法祖"、忠孝观念抵牾而遭到抵制。但它及时对儒教做出妥协，修正了原来的教义，规定佛教徒可以敬君王、拜父母，遂与道教有同样的传播机会，得以在中土立足。

忠孝二者的地位曾随着中国社会的发展，政治形势的变化而有所变化。封建社会前期，孝的地位重于忠；封建社会后期，儒教发展更加成熟，中央政府地位逐渐提高，忠的地位又重于孝。遇到忠孝二者必选其一的情况，移孝作忠被认为是合理的选择，并受到鼓励。君主代表国家又代表上帝，故称天子，因此忠君、爱国融为一体。

《礼记》"斋三日乃见其所为斋者"，《论语》"慎终追远，民德归厚矣"，为宗教理论构建神学依据，形成宗教心理，培养宗教感情。一家的孝道与国家治道有机地联系起来。宋儒张载著《西铭》，首先提出天地万物为一体，天地是人类的父母，人人都是天地的子女，所有百姓万民都应看作同胞兄弟。君主是天地的长子，大臣是长子的管家人。《西铭》继承了《孝经》，发挥了"天之经，地之义，民之行"为孝的最高原则，孝既是宇宙的原则，又是行为原则，事君不忠，战阵不勇，都不合于孝道。君主的集权与家长的专制（中央集权政体与小农经济的社会结构）统一起来，君权与神权合一，宗教与政治合一，从而完成了封建社会的宗教神学体系。北宋的二程把张载的《西铭》与《孟子》放在同等重要的地位，给予高度赞扬，是不难理解的。

中国这个多民族统一的国家，为区分民族的标志创造了独特的标准。《论语》"夷狄之有君，不如诸夏之亡也"，从孔子开始，把文化标志看作民族标志。凡承认君臣从属关系的族群就是华夏，不遵守君臣从属关系的就是夷狄。韩愈进一步阐明说，"子焉而不父其父，臣焉而不君其君，民焉而不事其事，孔子之作《春秋》也，诸侯用夷礼则夷之，夷而进于中国则中国之"（《原道》）。孔子曾说过"道不行，乘桴浮于海"，中国如违背华夏华统文化，就宁可离开中国，到海外（夷狄那边）去。"三纲"（君臣、父子、夫妇）是中国的标志，违背"三纲"就是夷狄。区别民族，不在血统而在文统。中国隋唐皇室都杂有北方少数民族的血统，但中国人民都没把隋唐皇帝看作非汉族。也有几代王朝确实不属于汉族，如与北宋对峙的辽，与南宋对峙的金，处在西北地区与宋、辽、金对峙的西夏王朝，及后来的元朝、清朝都是少数民族。但这些非汉族的统治者完全接受了儒教文化传统，这些少数民族的皇帝及贵族都接受儒教，尊孔子为圣人。政权尽管更迭，并没有影响儒教的法统。儒教充分利用它政教合一的特权优势，以行政手段贯彻其忠孝原则。协助推行儒教的教义，下层得到广大个体农民的支持，上层以强有力的中央集权为靠山，把一个多民族的大国，统治得有条不紊，建立了长期稳固的社会秩序，制定了行之有效的文官考试制度（科举），有效地培养了从中央到地方各级儒教教职人员和官吏。以儒教的"四书""五经"为全民教材，在全国推行。规定考试科目必须出于经书，答案必须遵循儒家朱子注解。儒教扩大其影响，得力于政教合一；儒教后期逐渐僵化，失去生命力，教忠教孝流于形式。历代改朝换代，如宋、明亡国时，朝廷有殉国的忠臣，在野有殉国的遗民，也有浪迹江湖、甘心与草木同腐、"不食周粟"、不与新王朝合作的遗民。辛亥革命以后，清朝亡国，既没有殉国的忠臣，也没有殉国的遗民。可见儒教核心精神支柱"忠、孝"轴心已徒具空壳。只有王国维投水自杀,"自称一辱不可再辱",那已是清朝亡国多年以后的举动,说不上殉国。

儒教享有君主制下独占的特权,神权皇权高度统一。一旦皇权被取消,君主制不复存在,儒教也随着皇权的消亡而消亡,儒教信奉的"天地君亲师",便会失去原有的地位。君亲师是封建宗法制度的核心,四书、五经、十三经是儒教遵奉的经典,祭天、祭孔、祭祖是封建社会君主制下的从上到下,按等级制度的一套祭祀仪式。儿童入学,对孔子牌位行跪拜礼,中央到地方按行政区划建立的文庙,是儒教徒定期聚会的场所。儒教用科举培养接班人,把俗人变成僧侣。神不超越人间,神就活动在人间。

今天五十岁以上的人们,对 20 世纪 60 年代的造神运动记忆犹新,当时社会上掀起一股如醉如狂的造神运动。这种神,不来源于佛教也不来源于道教,而是儒教回光返照。

时代变了,社会组织变了,下层小农经济的自然经济，随着土地公有而解体。政府为起自下层的劳动人民代表，君主、天子再也没有存在的基础，也就是说，儒教赖以存在的条件已不复存在，儒教已失去政治支持。宗教虽不能用行政命令消灭，但政权却是可以用武力推翻的。两千年来儒教与政权结合得太紧密，紧密到彼此不分的程度，君主制垮台，儒教随之消亡乃势所必然。佛、道、伊斯兰等宗教当年没有享有儒教那样特权的风光，君主制倒台后，佛、道诸教所受到的影响也没有儒教那样严重。

我们指出儒教的消亡，只是就当前的中国本土来说的，在世界其他地方的儒教照常活动。这是由于世界各地的社会条件与中国不同，儒教在海外不同的国家和地区，生存和活动情况各异，应另当别论。

儒教对中国历史文化发展产生深远的影响，直到今天，人们思想深处，仍有这样那样的影响，这值得我们认真总结。它留给人们的精神财富，要批判地吸收，那些不适应现代，甚至妨碍现代化的过时的历史沉渣，也要认真清理。

《中国儒教论》这部书，和作者的《中国儒教史》正是甲乙篇。《中国儒教史》从历史发展过程叙述、说明儒教兴衰的过程;《中国儒教论》则以问题为中心,对儒教性质、理论价值、社会作用、思维方式各方面进行了横剖面的展示。

由于儒教在中国文化史上的地位和影响,远远超过中国其他诸教,如有机会,希望作者再写一部《中国儒教现象学》。从文化、社会切近生活及今天仍在活动的儒教诸因素,展开剖析,当可发现更多深层次的东西。

说忠孝：儒学的回顾与前瞻*

---

* 原载《儒学与当代文明》（九州出版社，2005年6月）。为作者在"纪念孔子诞辰2555周年国际学术研讨会"上的发言。

中国传统文化有三大支柱，号称"三教"（儒、佛、道）。三大文化支柱中，儒家占主导地位。汉朝统一后，儒学成了主流。这固然得力于汉朝的大力提倡、鼓励、支持，其主要原因还在于儒学本身。儒学构建的理论体系，适应了封建制度下多民族统一大国的需要。政治支持是外因，思想体系符合需要是内因。

中国地处亚洲东方，春秋战国以前，东西方相隔万里，不通声气，中国与欧洲没有往来。秦汉统一后，东西双方有了互相交往的可能。世界上开始知道有中国，是汉朝以后的事。多民族统一大国为儒学提供了生存发展的土壤，政治需要为儒学提供了登上舞台的条件。儒学又不断从理论上丰富、完善，指导这个统一大国进行有效的统治。中国两千多年来，儒家为推进中国社会前进，建立了不世之功。

封建社会本是社会发展前进的必经阶段，世界各地区间社会历史条件不同，因而各具特色。西方欧洲的奴隶社会和资本主义社会发展得比较充分而典型；中国的封建制社会发展得比较充分而典型，而中国的资本主义发展得不够充分，不够典型。本来生产力低下的小农经济，由大一统的国家集中调配使用，可以发挥出最大效益。

《礼记》这部儒家经典为封建社会的宗法制度提供了理论依据，巩固了上升时期的封建制度，它强调"孝"的立身治国的重要作用。《礼记》教导家族成员祭祀祖先时要从感情上把死人当活人看待，以此培养宗教感情，形成宗教心态。"斋三日，思其居处，思其意志，思其所乐，思其所嗜，斋三日乃思其所为斋者"。"君子三日斋必见其所祭者"，这才算完成"孝子之志"。

"慎终追远,民德归厚矣"(《论语》),儒学把孝道与社会风气的淳厚、国家的安危联系起来。"王者父天母地,为天之子也""天子之位受之于天,不受之于人",忠与孝已编织在一起了。

《孝经》说孝是"天之经,地之义,民之行",孝的原则被说成为宇宙最高原则。反之,任何危害社会的言行都被认为是"不孝"的,把中央集权的君主专制与家长为核心的小农经济社会有机地统一起来,君权神权合一,政治与宗教合一,从而完成了封建社会宗教神学体系。

《西铭》继承了《孝经》的思想,张载(1020—1077)提出人与天地万物同出一源,人的本性也是天地万物的本性。他对孝做出了神学的解释:"乾称父,坤称母。"天地是人的父母,人都是天地的子女,对百姓万民,都应看作同胞兄弟,对万物应看作朋友。君王是天地的长子,大臣是长子的管家人。宋朝二程(程颢、程颐)把张载《西铭》这篇文章与《孟子》置于同等地位,予以高度的赞扬,这是可以理解的。

中国几千年间稳步发展有很多因素,其中多民族的封建集权制度应当是一个基本因素。多民族集中群体智慧共同参与国家建设,并且长江黄河两大流域广大地区作为活动舞台。既有广土众民物质保障的政治实体,又有统一而持久的儒家思想保障,这是世界上其他几个文明古国所不具备的。再加上中国几千年来全国通用的官方文字(汉字),有共同信奉的宗教(儒教),这一点在古代尤为必要。有共同接受的封建专制政体,各民族互利以经济联系(提倡引导的物资交流如:茶、盐、铁等等),共同维护的长江大河的水利系统,共同维系国家安全保障(外御侵略、内防内乱)等等。在众多条件中,儒家的忠孝原则起着不可取代的作用。

在忠孝教化下,众多民族(今天还有五十六个)团结起来,形成文化共识。此外,公元前后传入中国的佛教,本土成长的道教以及公元7世纪传入中国的伊斯兰教,都接受了儒家的忠孝观念,用自己的教义与儒家配合,起着辅助王化的作用。

明代中期直到清代鸦片战争，西方基督教多次传入中国，由于其不肯与儒家的忠孝信仰相配合，多次传入都未能立足。鸦片战争后，在大炮的保护下，基督教才在中国存在下来。佛教最初传入时，提倡出家，不参与政治，与中国儒家敬天法祖的信仰发生矛盾，因此遭到抵制。佛教为了生存，后来向儒家妥协，主张佛教徒也要敬礼君王，跪拜父母，把忠孝信仰纳入佛教教规之内，论证出家是"大忠""大孝"。佛教大师慧远曾在庐山讲授儒家的《丧服经》，可见儒佛两家合流，互相支持。

大一统的多民族的统一大国，除了掌握有效的统一政权，还要培育社会共识。忠孝是古代中国从上到下，君民共同遵循的社会共识："孝"是维系以家为生产单位的家长制的最高原则，"忠"则是团结多民族共同效力中央政权的稳固剂。这两者都是支持中国封建社会的精神支柱，忠孝原则贯彻于中国古代社会发展的全过程。封建社会前期，"孝"的地位重于"忠"，汉代皇帝的谥号都有一个"孝"字，如"孝惠""孝景""孝文""孝武"等。直到魏晋南北朝,还是"以孝治天下"。从赵宋王朝(9世纪)开始,一直到清末,近一千年间,君主中央集权不断加强,臣民始终处在弱势地位,忠的地位逐渐重于孝。且不说皇帝与百姓之间的天地悬隔,连统治者上层君臣间关系,也越来越悬隔。汉唐时,君臣坐而论道,宋代开始朝廷宰相大臣不设座位,上朝时始终站着。明清时大臣只能跪着奏事,自然只能听皇帝的训示,更无从讨论问题。当忠和孝两者不能兼顾,需要在忠孝两者必须选择其一时,"移孝作忠"被认为是合理的,而不允许"移忠作孝"。如果家长当了汉奸,他的子孙家属也跟着当汉奸,这个"孝"就变得毫无价值。这与春秋时期的忠孝轻重刚好颠倒。《史记·管晏列传》记载,管仲青年时,从军作战经常打败仗,"三战三北",他的好朋友鲍叔不以他为懦,理解他"家中有老母",怕战死了无人奉养老母,违反了孝道。专诸刺王僚,要等到侍奉老母逝世后才去舍命行刺。这种例子很多,不必多举。

中国尽管有很多民族,但是大家共同接受了儒家的忠孝思想。宗教信仰成为民族之间的共识。皇帝出自少数民族血统的辽、金、元、清历代王朝，都完全继承了儒家的文化传统，以忠孝为治国纲领，元、清两朝版图比汉唐时期有所扩大，儒家的忠孝观念也推广到更边远的省份。

"忠""孝"的道理是古代圣人说出来的，但不是圣人想出来的。社会存在决定了忠、孝的坚实地位。忠孝原则成为古代中国社会至高无上的纲领，根本原因在于它符合了中国古代社会需要。大一统国家，离了"忠"这个最高信仰原则，则无以对全国进行有效管理；古代社会，孝是维系小农经济个体农民的核心原则。

1911年辛亥革命以后，几千年的君主制被推翻了，全国长期陷于混乱，军阀割据，列强觊觎侵占中国领土。1900年八国联军也曾试图瓜分中国。列强在非洲曾经用地图上的经纬度标志分割殖民地，有的非洲国家的国界呈直线形，这种"杰作"1900年曾试图再演，但遭到中国人民强烈抵抗，才打消了他们瓜分中国的妄想，他们便在中国培植代理人，每个军阀的背后，都有某一外国的支持。与古代中国相伴生的忠孝两大精神支柱,此时也发生信仰危机。

传统的信念,忠的对象是皇帝,皇帝即国家,皇帝的权力来自天赐,故称"天子"。辛亥以后,皇帝不存在了,失去了皇帝,皇帝依靠的"天"也失去神圣的光环,效忠于谁?这一精神支柱垮了。有的主张恢复帝制,因为违反历史前进方向,也失败了。在战乱中农民无田可种,失去土地的农民成了流民,有的变成出卖劳动力的工人,城市也出现了现代化的工厂。田园式的生活不能维持,孝道所维护的家长制也受到冲击。

中国古代社会,一家数口,父母子女朝夕相聚,共同下地生产,回家一灶吃饭,家庭成为最基层的生产单位和消费单位。进入近代社会,农民不得不分散谋生,有的进城当工人,有的逃荒外出,有的远走他乡或流浪到海外。北方冀、鲁、豫农民多到东北谋生,号称"闯关东";南方浙、闽、粤失地农民多下南洋,也有远到南北美洲的。旧的家庭解体了,"孝"的地位也随着社会生活的改变有所淡化。

在古代,"忠"的功能不只是为了维护君主的权威,也包含维护国家有效统治的思想。"孝"的功能不只是为了维护家长的权威,还是维持种群繁衍的社会准则。

帝制不存在了,消逝的是君主制,但多民族的统一中国还存在;小农经济破坏了,但广大农村人口还在。家庭还是每个公民生活生育的基点。几千年来国家要统一,成为各族人民的共识,人们一致认为统一是正常的,分裂是不正常的,叛国是可耻的。历史上的赤壁之战,诸葛亮的伐魏,苻坚伐晋,桓温、刘裕北伐,岳飞北伐,完颜亮南征,都是做统一的事业,只是由于条件不具备未能实现。中国历史上辉煌时期都是在统一大国时期完成的。这在历史上是政治遗产,在文化上是精神遗产。这份丰厚的遗产,要很好地继承,使它完善、发展。每当遇到外来侵略时,维护国家主权和领土完整的信念会爆发出无限威力。近代中国由富强陷于贫弱,以至屡遭侵略而屹立不倒,正是由于它虽弱而"大",这份丰厚遗产成了我国的立国基础。

古代立过不朽功勋的"忠""孝"两大精神支柱，在新形势下也要给予新的认识和诠释。

古代的"忠"，被统治者解释为"忠"于皇帝及其家族，汉朝开国皇帝刘邦宣布"非刘氏而王者，天下共击之"。帝制废除，而国土未变。古代人坚信"民不可一日无君"，我们近代人，深知"民不可一日无国"，我们要忠于这个多民族的社会主义国家。国家是维护一个族群、一个地区生存和发展的最高的基本组织。失去国家保护的民族只好任人宰割，"爱国主义"就是今天对"忠"的新诠释。将来，国家消亡，世界大同，爱国主义将自行消亡。但在今天，"忠"的首要意义是爱国。

古代中国是"多民族的封建君主制的统一大国"，今日中国是"多民族社会主义民主制的统一大国"。"多民族的统一大国"这个基本国情没有改变，也不可能改变。有国就要有忠，"忠"属于国家、社会、人际关系范畴。今天，"忠"的含义在延伸，旧社会的功能，要保留，有些还有所发展，比如现代企业"诚信"精神，对中国人来说，它与传统的"曾子三省"的"忠"就有着传承与革新的关系。

今天"孝"的含义要比传统的"孝"有所缩小。因为"孝"属于家庭、家族范畴。近百年来，家庭在缩小。由几代同堂的大家庭变为夫妻两人的小家庭。与忠相反，孝涵盖范围由大变小，"孝"不再具有"天之经，地之义，民之行"的社会职责。新中国农村公社化，一家一户的小农经济生产方式消灭了，最明显的标志是，父母的权力比封建社会减弱了。子女与父母的地位由人格从属到人格平等。过去，男性家长一个人可代表全家，大家庭成员哪怕有几十口上百口，只有家长说了算数。现在，每个成年的家庭成员，都有一票选举权，原来家长在家庭内至高无上的重要地位正在下降。

古代"二十四孝"所提倡的"孝"道如"郭巨埋儿""割股疗亲""王祥卧冰"之类，在当下已不尽可行；但子女对父母的关怀，子女对父母照顾的好传统还应继承。生儿育女，不是为了对祖先尽孝道，而是个体对族群尽责任。在目前，我国社会保险制度尚不完备的情况下，暂时不能就业的青年人，无力自养的老年人，家庭对他们起着避风港的保障作用，可以缓解社会救济的压力，这一点，又与现代西方社会不同，它适应我国的国情。

几十年来我国执行一对夫妇只生一个孩子的政策，影响了整整一代人，出现了大批独生子女。独生子女结成夫妇的小家庭要妥善照顾四个老人的晚年，靠一对夫妇尽孝道来奉养四位老人，势将力不从心。这是个前所未有的新问题，有待社会进一步解决。古代的"孝道"规定的有些条文，在现代社会缺少可操作性，如"父母在不远游""三年无改于父之道"已无法做到。"孝"已不再理解为"天之经，地之义，民之行"，"无后"不能认为"不孝"。古代的规定，有的会自然消失，有的要用新的规范取代。

现代社会的生活节奏加快，家庭离婚率逐年增高。离婚后，留下的单亲子女也随之增加，出现大量有父无母或有母无父的子女。社会上非婚生子女也有增加的趋势。"孝"的社会功能比古代减弱了，所涵盖的范围要比古代缩小了，因为家的生活范围缩小了。人们经济生活、政治生活、社会生活、家庭生活都面临着前所未有的剧变。我们不认为世道变坏了,也不认为只要恢复传统道德,社会就会变成盛世,这样未免把复杂问题看得简单化了。儒家文化传统中有精华,但要进行清理总结,要有新的诠释。

儒家流行了几千年,成为中国传统文化的主流,其中起着重大作用的并不是当年孔、孟讲过的几句话,而是历代贤哲为了适应他们的新时代所做出的新诠释。汉代董仲舒发展了儒学,影响了古代社会几百年;宋代有朱熹对儒学进行一次新诠释,又影响了中国社会几百年。

我们今天面临的社会变革的巨大深刻程度远非古代董仲舒、朱熹所处的时代可比。我们一方面要总结古代文化的一切优秀成果,一方面还要及时吸收改造一切外来文化的优秀成果。不能只看自己一国,还要纵观世界。时代期待我们结合中国国情,适应我国新情况,对儒学做出新诠释,构建新体系,以此推动文化发展,造福人类。

我们学术界的任务是继往开来:继人类五千年中外优秀文化之"往",开21世纪社会主义新文化之"来",这是前所未有的任务。学术界还有人认为社会上出现问题是没按孔子的教导所致;也有人认为只要经济搞上去,生活好了,社会自然会好起来,传统文化可有可无。这些看法都不符合中国的实际。当前儒学研究,已引世界有识之士的关注,已有的研究成绩显著。儒学研究已列入世界学者的课题,作为现代中国人,我们责无旁贷,理应做更多的工作。我们应根据时代特点做出新诠释,把儒学研究推向一个新阶段。儒学研究,前途无限!

继承传统文化精华,迎接文化建设新高潮*

---

* 在"儒学、儒教与宗教学学术研讨会上"的讲话。

继承传统文化精华,迎接文化建设新高潮

今天我们开儒学与儒教问题讨论会。和儒教相比,儒学的名称要早一些。讲到儒这个名称,一般人都会把它和孔子联系起来。但是儒家或者儒教这一套学问,却不是孔子发明的。中国有五千年的文明史,孔子到现代不过两千多年。孔子的学问,继承了此前两千多年的文化成果。不是有了孔子,有了儒学、儒家或儒教的名称,这套学问才存在;而是儒学继承了以前的优秀文化成果,包括神话传说时代的文化成果,以后又不断丰富、发展。所以儒学或儒教有个发展过程,它代表了五千年的文化成果。

中国古代神话与西方不同。在西方的神话中,人类创

造的文明成果都被说成是外来的,是从另一个世界来的。比如用火,西方神话说是普罗米修斯从天上偷下来,造福人类。中国神话也讲用火的起源,但说的是燧人氏发明的,不是从天上偷来的。这个例子说明,中国古代在没有文字以前,在神话传说时代,已经把能源的发明说成是由人类自己的双手发明的,说成是从实践中得来的。实践出真知,中国上古的人们已经开始懂得这个道理。

在没有文字以前,神话传说中的人物,也都带有人类实践活动的痕迹。伏羲氏、燧人氏、有巢氏、神农氏,都不是人名。那时候的人们没有名字,不知道姓什么叫什么,后人就把他们对人类的贡献作为他们的名字。伏羲是游牧时代的英雄,教人们训养家畜;燧人氏发明用火;有巢氏教人们建造房屋;神农氏是农业的发明者,教人们定期种植、收获。

这些例子说明,中国古代神话已经带有很多人类社会实践的内容,说明中国文明一开始就从实际出发。从人类认识的起源来说,的确是从实践开始的。中国文化的这个传统，一直延续下来。

从实践出发的中国传统文化，一个基本的、核心的观念，就是敬天法祖。这里效法的祖先，既是人，又是神。要敬的天，既是神，也是祖。祖先，也是重大文明成果的发明者。因为有创造发明，后人纪念他们，把他们尊奉为神。也就是说，中国文化从原始宗教开始，就有了一个重实践、从实际出发的传统。这个传统一直传到今天，是中国文化的核心精神。

敬天法祖延续下来，表现于道德观念，就是"忠""孝"。"忠""孝"是儒家或儒教道德观念的核心。今后人民不必为皇帝个人及政权效忠，但对国家对中华民族还是要尽忠。古代农业生产的小农经济社会有"孝，晨昏定省""父母在不远游""不孝有三无后为大"，现在社会结构与古代不同，但对父母的爱护、关怀还是必需的。对"孝"要充实以新的内容。

中华民族的发展历程，是从多民族共存的涣散状态向多民族统一的国家迈进的过程。春秋战国时代百家争鸣，各家说法不同,但目的都是要建立一个统一的、和谐的国家,包括各个民族在内。秦汉统一,实现了这个理想。以后虽然也有分有合,但向往统一,并且最终实现了统一,是中国古人数千年来的共识。

统一是个长期的过程,其中以孔子为代表的儒家起了积极的、核心的作用。这一点是谁也无法否认的。道家的影响也很强,但比起儒家还是要差一点。在中国文化发展的进程中,道家的贡献仅次于儒家。

到了辛亥革命,帝制被废除了,儒教的国教地位、唯一独尊地位也被消灭了。一般意义上的宗教信仰是不可以通过人为的、政治权力的干预加以消灭的。但是某一种宗教,某一个教派,是可以消灭的;某一种宗教信仰也是可以改变的。唐僧取经时代,新疆一带都是信仰佛教的。但是从10世纪开始,也就是我国的宋代,新疆一带居民还是原来居民,就逐渐信仰了伊斯兰教,原来的佛教在当地就消灭了。印度一带原来信婆罗门教,后来出现了佛教。但是后来佛教在印度曾一度消失,伊斯兰教则发展起来,并且普及到巴基斯坦等非常广大的地区。

儒教也是这样。经过辛亥革命，儒教的教皇，也就是皇帝，被取消，儒教也就归于消灭。中国境内的其他宗教，比如佛教、道教等，也受到了革命的冲击，但不如儒教遭受的打击厉害，所以还保持着他们的存在。现在统战部管的几大宗教，就没有儒教，因为儒教的教团、教皇被废止了，被消灭了。

儒教没有了，但是它的思想影响还在，以儒教为核心的传统文化的影响还在。儒教典籍中保留了大量的宝贵文献资料，不仅属于儒教一家，也是中华文化的共同财富，如"十三经"等。我们要建设新文化，传统文化是重要的资源。继承传统文化优秀成果的历史责任要我们担当。改革开放以来，世界影响着我们，我们也影响着世界。对传统文化，需要认真研究。为了实现这一目标，弄清儒教是不是宗教还不是最重要的，虽然这也是继承传统文化优秀成果的一个方面。最重要的是要弄清哪些是精华，应该继承发扬；哪些已经过时，需要更正修改。这个工作，五四时代就在做，但当时只能算是开头。

随着经济建设的发展，文化高潮可能五十年以后才能出现，现在是过渡时期。我们对传统文化研究得愈透彻，对建设新文化就愈有利。"文革"时期我们走过弯路，搞什么评儒批法，走回头路，那是倒退。现在我们走上了正轨，前途一定是光明的，大家要努力。